U0549003

本书获

国家社科基金项目“劳动力成本上涨对我国制造业的影响研究”（16BGL018）

江西理工大学优秀学术著作出版基金

资助

中国市域制造业高质量发展研究报告（2019）

Research Report on the High-quality Development of China's Municipal Manufacturing Industry

黄顺春　刘怡君　著

中国财经出版传媒集团
经济科学出版社
Economic Science Press

图书在版编目（CIP）数据

中国市域制造业高质量发展研究报告.2019/黄顺春，刘怡君著.—北京：经济科学出版社，2021.2
ISBN 978-7-5218-2386-8

Ⅰ.①中… Ⅱ.①黄… Ⅲ.①制造工业-产业发展-研究报告-中国-2019 Ⅳ.①F426.4

中国版本图书馆CIP数据核字（2021）第031221号

责任编辑：周国强
责任校对：刘 昕
责任印制：王世伟

中国市域制造业高质量发展研究报告（2019）
黄顺春 刘怡君 著
经济科学出版社出版、发行 新华书店经销
社址：北京市海淀区阜成路甲28号 邮编：100142
总编部电话：010-88191217 发行部电话：010-88191522
网址：www.esp.com.cn
电子邮箱：esp@esp.com.cn
天猫网店：经济科学出版社旗舰店
网址：http://jjkxcbs.tmall.com
北京季蜂印刷有限公司印装
710×1000 16开 14.25印张 2插页 240000字
2021年2月第1版 2021年2月第1次印刷
ISBN 978-7-5218-2386-8 定价：68.00元

中国市域制造业高质量发展研究报告（2019）

课　题　组

组　　长：黄顺春　刘怡君

副 组 长：张书齐　王瑞梅　熊　琤

成　　员：许　菱　刘继云　艾　云　潘建华　邓文德
何永保　肖　娟　陈洪飞　张惠雅　方子扬
梁欣仪　杨桂兰　洪　钟　郑延智　吴小英

研究机构：赣州市高质量发展研究院
江西省质量协会
江西理工大学质量学院
江西理工大学 MBA 教育中心
东莞理工学院质量与品牌发展研究中心

目　录

| 导论 |

经济高质量发展的硬核

——制造业高质量发展

一、高质量发展提出背景

2017 年，中共十九大指出“我国经济已由高速增长转向高质量发展阶段”，表明高质量发展已经成为当前及未来较长时期我国经济发展的新战略。在 2020 年中共十九届五中全会上，习近平总书记强调，“经济、社会、文化、生态等各领域都要体现高质量发展的要求”。由此可见，“十四五”乃至今后更长时期，高质量发展这一主题将会体现在国家发展的各个领域和全过程。

高质量发展战略提出的主要背景有以下四个方面：

第一，我国经济发展适应新时代社会矛盾变化的需要。中共十九大指出，我国社会的主要矛盾已由“人民日益增长的物质文化需要同落后的社会生产之间的矛盾”转变为“人民日益增长的美好生活需要和不平衡不充分的发展之间的矛盾”。社会公认的“不平衡”讲的是经济社会体系结构问题，主要指比例关系不合理、包容性不足、可持续性不够，制约生产率的全面提升。其主要表现包括：实体经济和虚拟经济不平衡、区域发展不平衡、城乡发展不平衡、收入分配不平衡、经济与社会发展不平衡、经济与生态发展不平衡等。“不充分”具体也有许多方面表现，如市场竞争不充分、潜力释放不充分、有效供给不充分、动力转换不充分、制度创新不充分等。高质量发展就是要努力消除不平衡、努力激发不充分，使经济社会资源得到更高效配置、使广大人民群众更感受到获得感、收获感。

第二，较长时期各地追求经济快速发展，导致对环境保护不够甚至破坏环境严重，生态环境问题突出，影响经济社会的可持续发展。中国科学院南京土壤所赵其国等（2016）指出生态环境状况堪忧的表现包括：一是水土流失加剧。我国是世界上水土流失最严重的国家之一，水土流失直接关系国家生态安全、防洪安全、粮食安全和饮水安全。二是沙漠化面积不断扩大。我国是世界上沙漠化受害最深的国家之一。三是森林资源缺乏且逐渐减少。我国目前仍然是一个缺林少绿、生态脆弱的国家，森林覆盖率远低于全球31%的平均水平，人均森林面积仅为世界人均水平的1/4，人均森林蓄积只有世界人均水平的1/7。四是生物物种加速灭绝。近50多年来，中国约有200种植物灭绝，中国滥捕乱杀野生动物和大量捕食野生动物的现象仍然十分严重，屡禁不止。五是地下水位下降，湖泊面积缩小；水体污染明显加重。中国七大水系42%的水质超过3类标准（不能做饮用水源），中国有36%的城市河段为劣5类水质，丧失使用功能。六是大气污染严重。全国47个重点城市中，约70%以上的城市大气环境质量达不到国家规定的二级标准，参加环境统计的338个城市中，137个城市空气环境质量超过国家三级标准，占统计城市的40%，属严重污染型城市。七是草原退化严重。高质量发展就是要生态文明和经济社会发展和谐，破解经济社会发展中的环境难题，达成既有绿水青山又有金山银山的发展境界。

第三，突破我国制造业较长时间以来在若干关键技术、关键零部件等的制约。我们在看到、肯定改革开放以来我国制造业快速、迅猛发展的同时，仍然必须注意到我国制造业发展存在的挑战和薄弱，工业和信息化部副部长、国家制造强国建设领导小组办公室主任辛国斌[①]在“2018 国家制造强国建设专家论坛”上曾经指出，工信部对 30 多家大型企业 130 多种关键基础材料调研结果显示，32% 的关键材料在我国仍为空白，52% 依赖进口，绝大多数计算机和服务器通用处理器 95% 的高端专用芯片，70% 以上智能终端处理器以及绝大多数存储芯片依赖进口。在装备制造领域，高档数控机床、高档装备仪器、运载火箭、大飞机、航空发动机、汽车等关键件精加工生产线上 95% 以上的制造及检测设备都依赖进口。因此，制造强国、制造业高质量发展仍然任重道远。

第四，持续提升我国经济的竞争力。社会对质量内涵的认知先后经历了符合性质量、适用性质量、顾客满意质量和卓越质量阶段，卓越质量就是支撑竞争力提升的质量。我国颁布了国家标准《卓越绩效评价准则》（GB/T 19580—2012）和《卓越绩效评价准则实施指南》（GB/Z 19579—2012），目的为引导组织追求卓越，提高产品、服务和发展质量，增强竞争优势，促进组织持续发展。卓越质量就是要体现顾客价值，追求顾客满意和顾客忠诚，同时也要降低资源成本，减少差错和缺陷，还要降低和抵御风险，增强竞争力。

竞争无处不在，竞争无时不在。就国家发展战略而言，中国要崛起，中国要走到国际舞台中心，中国人民要实现伟大复兴的中国梦，只有且必须通过竞争，在竞争中胜出，才是唯一选择。而要取得竞争的胜出，并不是一件容易的事。在和平竞争背景下，高质量发展是谋取竞争胜出之道的利器。

相对组织或企业的卓越质量提升竞争力而言，国家层面竞争力的持续提升就需要高质量发展的支撑和实现。随着我国从站起来到富起来到强起来进程的推进，在中国这样的大国要实现高质量发展，必须要求我国的制造业有更强的竞争力，才能更好地支撑我国经济的高质量和可持续发展。

二、中美经贸摩擦考验着我国制造业的高质量发展

自 2003 年以来，由美国单方面挑起的一系列贸易争端不断给中美经贸关

① 工信部副部长：我国制造业要大力度“引进来”高水平“走出去”［EB/OL］. 人民网，2018－07－14. http：//finance. people. com. cn/n1/2018/0714/c1004－30147394. html

系蒙上浓重的阴影，中美双方进入了前所未有的经贸摩擦期。2018 年美方不顾中方劝阻，执意掀起贸易战。2018 年 3 月 23 日，美国总统特朗普签署法令，宣布对中国输美产品加征关税；7 月 6 日，双方正式互相加征关税；发展到 2019 年 5 月，美国对原产于中国的 2500 亿美元的进口产品加征 25% 的关税，中国对原产于美国的 500 亿美元的产品加征 25% 的关税，对 600 亿美元的产品加征 5% ~25% 不等的关税。进入 2019 年，美国更是对我国高科技产业发展进行打压和遏制，并且有愈演愈烈的趋势。美国和中国，作为当今位列全球前二的两大经济体，其间的经贸摩擦不仅会给世界经济发展带来广泛深远影响，也会对中国经济格局的转型和高质量发展战略的实施带来深刻且多维的影响。

面对 2020 年突如其来的新型冠状病毒肺炎疫情，全球各国都在经受战胜疫情和保持经济发展的双重挑战，中国在这次史无前例大考中取得的成就令人钦佩。

无论是面对中美经贸摩擦带来的挑战，还是经受战胜疫情和发展经济的双重考验，中国的制造业都起到了中流砥柱的作用，成为中国经济高质量发展的硬核。因此，关注制造业的高质量发展，就抓住了整个高质量发展的关键。

三、推进我国制造业高质量发展的意义

习近平总书记高度重视制造业高质量发展，就推进我国制造业高质量发展做过多次重要论述。

2018 年 9 月 25 ~28 日在考察东北三省时指出，制造业特别是装备制造业高质量发展是我国经济高质量发展的重中之重，是一个现代化大国必不可少的。①

2019 年 4 月 17 日在重庆考察时强调：要坚定不移推动高质量发展，扭住深化供给侧结构性改革这条主线，把制造业高质量发展放到更加突出的位置，加快构建市场竞争力强、可持续的现代产业体系。②

---

① 回首 2018 重温习近平这 18 句话［EB/OL］. 环球网，2018 -12 -25. https：//china. huanqiu. com/article/9CaKrnKgiZh

② 2019 年，习近平这样谈高质量发展［EB/OL］. 新华网，2019 -12 -11. http：//www. xinhuanet. com/politics/xxjxs/2019 -12/11/c_1125334606. htm

2019 年 5 月 22 日在江西考察时强调，做好中部地区崛起工作，一是推动制造业高质量发展，二是提高关键领域自主创新能力，三是优化营商环境，四是积极承接新兴产业布局和转移，五是扩大高水平开放，六是坚持绿色发展，七是做好民生领域重点工作，八是完善政策措施和工作机制。①

2019 年 9 月 18 日在河南考察时强调，要推动经济高质量发展，抓住促进中部地区崛起战略机遇，立足省情实际、扬长避短，把制造业高质量发展作为主攻方向，把创新摆在发展全局的突出位置，加强重大基础设施建设，坚持以人为核心推进新型城镇化，善于用改革的办法解决经济社会发展中的突出问题，积极融入共建“一带一路”，加快打造内陆开放高地，加快建设现代化经济体系。②

在中国这样的大国推动制造业高质量发展，是筑牢中国自力更生、自给自足底气的根本。中国是一个人口大国，也是一个人均资源少的国家，中国的发展要加大对外开放，但也要防止在特殊的时间或领域，不能被他国特别是对中国发展别有用心的国家拿住。

在中国这样的大国推动制造业高质量发展，对于稳定就业、促进就业有着积极的作用。制造业体系庞大，层次多样，实体性强，是做好“六稳”“六保”工作的有效载体。

在中国这样的大国推动制造业高质量发展，是服务业高质量发展的基础和有效支撑。现代经济发展讲究产业升级，讲究产业高端，但就中国整个国家而言，却不能简单地追求用更大比重的服务业来替代制造业，如果这样，服务业将成为无本之木、无源之水。只有有了制造业的高质量发展，才有可能成就服务业的高质量发展。

高质量发展对国家竞争力增强、提升重要，对区域发展亦重要。每个市域在看待自身发展时，绝不能仅仅局限于自己与自己比较，而要把自身的发展放到全国去比较，看看按照新发展理念、高质量发展要求，自己是不是拖了后腿？在哪些指标上拖了后腿？这就是本报告的出发点。

---

① 习近平：贯彻新发展理念推动高质量发展　奋力开创中部地区崛起新局面［EB/OL］. 人民网，2019－05－23. http：//cpc. people. com. cn/n1/2019/0523/c64094－31098722. html

② 习近平在河南考察时强调　坚定信心埋头苦干奋勇争先　谱写新时代中原更加出彩的绚丽篇章［EB/OL］. 新华网，2019－09－18. http：//www. xinhuanet. com/2019－09/18/c_1125011847. htm

中国制造业的高质量发展是全国各地制造业高质量发展的集合，开展对市域（地级市域）制造业高质量发展的研究，对于科学评价、度量、判断不同区域制造业高质量发展的程度，对于不同区域识别自身制造业高质量发展对标的长处和短项，有针对性地施策，推进国家制造业高质量发展具有重要的意义。

2018 年中央经济工作会议指出，推动高质量发展是当前和今后一个时期确定发展思路、制定经济政策、实施宏观调控的根本要求，必须加快形成推动高质量发展的指标体系、政策体系、标准体系、统计体系、绩效评价、政绩考核，创建和完善制度环境，推动我国经济在实现高质量发展上不断取得新进展。① 这不但是对总体经济高质量发展的要求，也是对不同领域特别是对制造业高质量发展的要求。

四、本研究报告的若干说明

基于中国现行的区域经济发展与行政区划的特殊性，所以本报告定位为“市域”，以便于相关数据的协同和规范。“市域”，旨在表明我们对每个地级城市的高质量发展评价判断是以该市所辖的全部区域为对象的。在许多智库研究报告中，有不少冠以“城市”的研究，这很容易引起歧义。一则“城市”的空间有时可以指某行政“市”的中心城区，有时也可以指某行政“市”的所有区域；二则在相应的数据梳理、印证时，也易出现混乱。

同时特别说明的是本报告的市域不包括北京、上海、天津和重庆等直辖市，把直辖市同一般的地级市等同，我们认为是僵化地理解“市”，在理论上也不具有可比性。在本报告中我们对有关高质量发展的文献进行了与时俱进的梳理，以期帮助社会各界人士了解高质量发展研究方面的动态及情形。

本报告的评价数理模型仍然采用变异系数 – 主成分评价复合模型，这样有利于熨平在数理处理过程中的杂异，保证市域经济高质量发展测度的信度和效度，从而使测度结论有更高的科学性和指导性。评价指标体系覆盖较广，

① 新华社．中央经济工作会议举行　习近平李克强作重要讲话［EB/OL］．中国政府网，2018 – 12 – 21. http：//www. gov. cn/xinwen/2018 – 12/21/content_5350934. htm

细分指标有 43 个。这是国内首次提出的市域制造业高质量发展评价指标体系，具有一定的创新意义和价值。

为确保数据采集、数据运算的准确，这项工作动用了较多的人员，耗费的时间和精力也相当多，也体现了课题组对研究报告质量的负责任。

本报告的重要初心是为评估各个市域制造业高质量发展的相对状况提供依据。通过对全国市域制造业高质量发展水平程度的统一测度和比较，每个市能够深入地看到自身在高质量发展各维度以及各微观指标上的强处与弱项，也能够看到自身同其他城市特别是彼此共同点较多的城市（比如同处区域、人口规模相当、地域面积相当等），在制造业高质量发展方面的优势和不足。特别是对市域经济高质量发展与制造业高质量发展进行了联系比较，各市域可以好好研究推动经济高质量发展及制造业高质量发展具有的优势及存在的短项，从而明确自己的高质量发展建设目标，对标追赶。

第一章

制造业高质量发展研究综述

第一节　制造业高质量发展的提出

2017年，中共十九大提出“高质量发展”的新表述，表明中国经济由高速增长阶段转向高质量发展阶段。其正式表述见于2018年3月5日提请十三届全国人大一次会议审议的政府工作报告。报告指出：“按照高质量发展的要求，统筹推进‘五位一体’总体布局和协调推进‘四个全面’战略布局，坚持以供给侧结构性改革为主线，统筹推进稳增长、促改革、调结构、惠民生、防风险各项工作”；“上述主要预期目标，考虑了决胜全面建成小康社会的需要，符合我国经济已由高速增长阶段转向高质量发展阶段实际”。[①] 报告提出的深度推进供给侧结构性改革等9个方面部署，都围绕着高质量发展。在“对2018年政府工作的

① 政府工作报告——2018年3月5日在第十三届全国人民代表大会第一次会议上［EB/OL］. 中国政府网，2018－03－22. http：//www. gov. cn/premier/2018－03/22/content_5276608. htm

建议”的“深入推进供给侧结构性改革”中，更是明确提出“加快制造强国建设”。

2018 年 12 月 19 ~21 日，中共中央总书记、国家主席、中央军委主席习近平在北京举行的中央经济工作会议上发表重要讲话，总结 2018 年经济工作，分析当时经济形势，部署 2019 年经济工作。会上国务院总理李克强在讲话中对 2019 年经济工作作出具体部署，并作了总结讲话。“推动制造业高质量发展”位列此次会议确定的 2019 年要抓好的重点工作任务的第一位。会议指出，“要推动先进制造业和现代服务业深度融合，坚定不移建设制造强国。要稳步推进企业优胜劣汰，加快处置‘僵尸企业’，制定退出实施办法，促进新技术、新组织形式、新产业集群形成和发展。要增强制造业技术创新能力，构建开放、协同、高效的共性技术研发平台，健全需求为导向、企业为主体的产学研一体化创新机制，抓紧布局国家实验室，重组国家重点实验室体系，加大对中小企业创新支持力度，加强知识产权保护和运用，形成有效的创新激励机制。”①

在宏观经济环境和国家产业政策指引下，社会各界围绕着“制造业高质量发展”问题进行了涉及众多学科方向的、深入的讨论与研究，提出了诸多颇具价值的发展思路、政策建议和数量模型。下文将就通过检索学术资源库（主要资料来源）和权威网站查询到的研究成果和材料展开论述。

第二节　研究文献总体情况

按照篇名为“‘制造业’且‘高质量发展’”的条件，通过中国知网（CNKI）提供的文献跨库检索，共找到中文文献 323 篇，外文文献 0 篇，其中，2018 年发表了 82 篇，2019 年截至目前（2019 年 10 月 15 日）发表了 241 篇。在中国知网（CNKI）的学术期刊跨库检索中，共找到中文文献 192 篇，外文文献 0 篇，其中，2018 年发表了 56 篇，2019 年截至目前（2019 年

① 中央经济工作会议举行　习近平李克强作重要讲话［EB/OL］. 中国政府网，2018 - 12 - 21. http：//www. gov. cn/xinwen/2018 - 12/21/content_5350934. htm

10 月 15 日）发表了 136 篇。文献跨库检索和学术期刊跨库检索的主题分布（前 40 个），见图 1 - 1 和图 1 - 2。

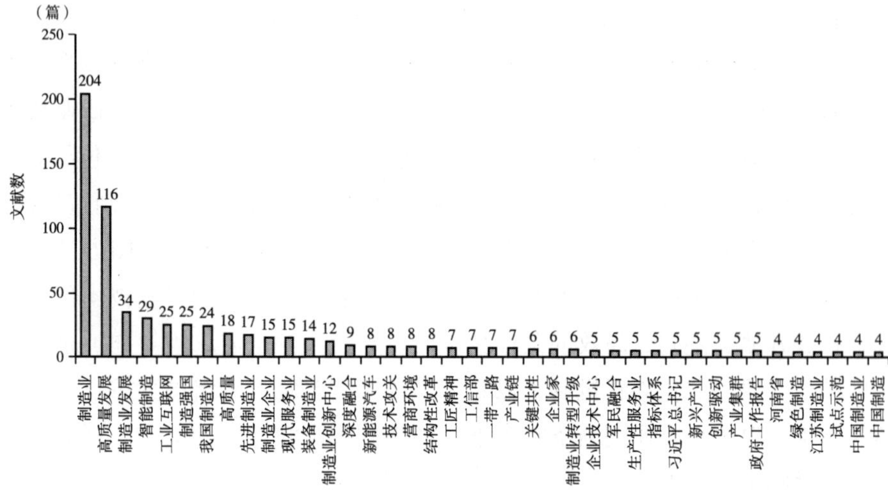

图 1 - 1　文献跨库检索结果的主题分布

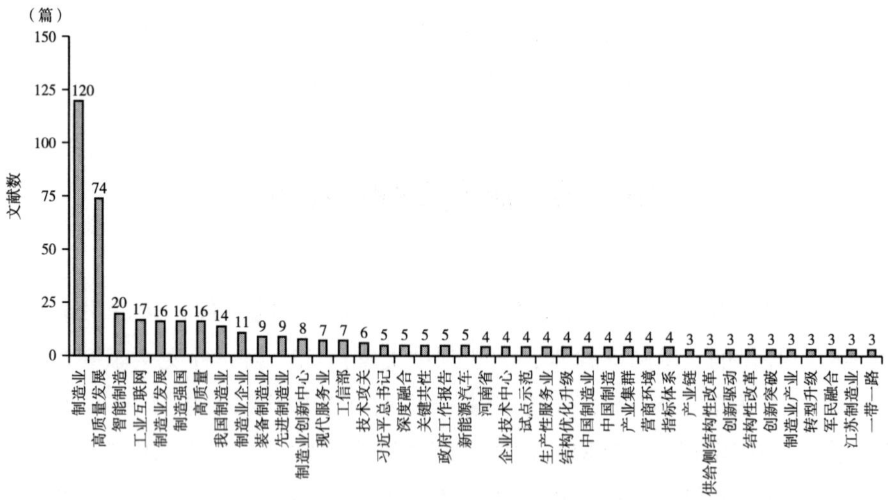

图 1 - 2　学术期刊跨库检索结果的主题分布

基于检索结果推断：第一，关于“制造业高质量发展”的研究只集中在中文范围，暂时没有外文成果。进一步搜索的结果显示，国外有针对“制造业”的研究，但均未涉及“高质量发展”的概念。究其原因应当是，将“高质量发展”推广到“制造业”只是近两年在中国国内实施的产业政策，所取得的成效仍未显现，故而还没有得到国际学术界的重视。第二，文献的发表时间大部分在2019年，其篇数接近2018年的3倍。这应该是由于明确“推动制造业高质量发展”确定为2019年重点工作任务的中央经济工作会议，是在2018年12月才召开的。第三，文献检索和学术期刊检索到的研究结果，涉及多个主题，覆盖范围较广。具体包括制造业、高质量发展、智能制造、工业互联网、制造强国、现代服务业、装备制造业、制造业创新中心等区别显著的主题词。

对检索结果进行总体分析后，接下来阐述一些具有代表性的观点。

第三节　制造业高质量发展研究观点概述

基于对检索到的文献的筛选和解读，按研究内容可将它们分为以下几类：

一、制造业高质量发展的解读和构思

2018年12月中央经济工作会议提出“推动制造业高质量发展”后，社会各界就提出该目标的意义和如何实现的对策发表了诸多见解。

光明网转载的经济日报评论①指出，作为立国之本和兴国之器，制造业在实体经济中占据主体地位。中央经济工作会议②部署的2019年重点工作任务中，“推动制造业高质量发展”排在第一位，提出的几项具体要求，为当前和今后一个时期提升制造业供给质量、建设制造强国指明了方向。目前，我国制造业规模居世界第一，在载人航天、北斗卫星导航、超级计算机等领

① 着力推动制造业高质量发展——七论贯彻落实中央经济工作会议精神［EB/OL］. 光明网，2018－12－30. http：//politics. gmw. cn/2018－12/30/content_32272234. htm

② 中央经济工作会议举行习近平李克强作重要讲话［EB/OL］. 中国政府网，2018－12－21. http://www. gov. cn/xinwen/2018－12/21/content_5350934. htm

域，颇具国际竞争力的优势产业已经形成。然而，与发达国家相比，我国制造业依然大而不强，优秀企业数量不够多，尤其缺乏世界认可的大品牌企业，自主创新能力、资源利用效率等方面亟须提升。要促进“中国制造”上升为“中国高端制造”就需要：第一，推动制造业从数量扩张向质量提高的战略性转变；第二，实现传统企业和传统产业改造升级；第三，加强制造业和服务业融合；第四，积极促进技术创新；第五，打造优质营商环境；第六，培育一批优秀企业。

工业和信息化部副部长罗文（2018）指出，由高速增长转向高质量发展是新时代我国经济发展的鲜明特征。高质量发展是体现新发展理念的发展，是以质量第一、效益优先为原则的发展。先进制造业是制造业中创新最活跃、成果最丰富的领域，也是价值链上高利润、高附加值的领域。在制造强国建设进程中，必须紧扣高质量发展要求，将加快发展先进制造业作为战略性任务来推进，努力实现中国制造向中国创造转变、中国速度向中国质量转变、制造大国向制造强国转变。

工业和信息化部部长苗圩（2018）认为，加强核心技术攻关是制造业高质量发展的根本要求，并指出要完善制造业创新体系，加快发展先进制造业，促进制造业区域协调发展，加强制造业质量品牌建设，营造良好的制造业高质量发展环境，以及进一步提升制造业开放发展水平。加快制造业高质量发展的六大任务：一是要完善制造业的创新体系；二是加快发展先进制造业；三是促进制造业区域协调发展；四是加强制造业质量品牌的建设；五是营造有利于制造业高质量发展的良好环境；六是进一步提升制造业开放水平。

庄西真（2018）认为，相对于制造强国对高素质技术工人的需求来说，中国人力资源的数量积累和质量提升都有很大空间。根据国家统计局 2015 年 1% 人口抽样调查数据测算，我国 15 岁及以上人口文盲率为 4.5%，6 岁及以上高中人口占比只有 11.4%。如果通过学校教育、在职学习和培训提高这些人口中劳动力的文化知识水平，使其获得一定的技术技能，将大大提高他们的劳动生产率和生产质量，这便能填补建设制造业强国所需人力资源的缺口。

萧新桥[①]认为，唯有制造强国才能变身世界强国。2008 年全球金融危机爆发后，越来越多的国家认识到以制造业为核心的实体经济才是保持国家竞争力和经济持续健康发展的基础。美国、德国、英国、法国、韩国等发达国家先后实施了“再工业化”战略，抢占高端制造市场并不断扩大竞争优势。巴西、印度等新型工业化国家也在加快谋划和布局，利用劳动力成本优势，打造新一代的“世界工厂”。党中央、国务院总揽国际国内发展大势，站在增强我国综合国力、提升国际竞争力、保障国家安全的战略高度提出了“中国制造 2025”战略规划，着力推进制造强国建设。中国要成为制造强国不是一个口号，而要有具体的内涵，并清楚自己的现状短板，进而明确发展方向和路径。在新时代的历史方位下，加快建设制造强国是全面建设社会主义现代化国家的重要支撑，而制造业的高质量发展正是建设制造强国的必由之路。

辛国斌（2018）认为，制造业高质量发展必须紧紧围绕制造强国建设目标，紧扣我国社会矛盾主要变化，适应全球科技革命和产业变革趋势，贯彻新发展理念，以供给侧结构性改革为主线，加快推动质量变革、效益变革与动力变革，构建创新引领、协同发展的现代化制造业体系。

路甬祥（2018）认为，良好的发展环境是推动高质量发展和建设制造强国的重要条件，要进一步优化营商环境，建设更高水平开放合作共赢的投资贸易环境，以及要努力打造协同创新的发展支撑环境。

李晓华[②]认为，推动高质量发展，是保持经济持续健康发展的必然要求，也是当前和今后一个时期确定发展思路、制定经济政策、实施宏观调控的根本要求。制造业是实现工业化和现代化的主导力量，也是国家综合实力和国际竞争力的体现。推动经济高质量发展，制造业是关键和重点所在。在这一过程中，制造业发展要以创新驱动为根本路径，不断提升供给体系质量效益，实现从中国制造向中国创造转变、从制造业大国向制造业强国转变。

---

① 萧新桥．推进高质量发展是建设制造强国的必由之路［EB/OL］．人民网，2018－09－18．http：//theory. people. com. cn/n1/2018/0918/c40531－30300667. html

② 李晓华．以创新推动制造业高质量发展［EB/OL］．人民网，2018－05－17．http：//theory. people. com. cn/n1/2018/0517/c40531－29995691. html

工业和信息化部部长苗圩①提出，推动制造业高质量发展意义深远，是建设社会主义现代化强国的必由之路，是实现经济高质量发展的重中之重，是全面用好重要战略机遇期的根本要求。主要任务包括：增强制造业技术创新能力，推动先进制造业和现代服务业融合发展，加快制造业结构优化升级，推进企业优胜劣汰，健全人才资源支撑体系，扩大制造业开放，营造有利于制造业高质量发展的良好环境。

苗圩（2019）还指出，工信部将从“四快一好”几个方面抓好制造业高质量发展。“一快”是加快制造业创新能力建设。“二快”是加快产业结构调整。“三快”是加快融合发展。“四快”是加快纾忧解困工作。“一好”是为企业发展创造更好环境。

工业和信息化部副部长辛国斌（2019）认为，可以用3个关键词（变革、创新、融合）概括我国制造业当前发展面临的重要形势。面对制造业发展的新情况新动向，在习近平新时代中国特色社会主义思想的指导下，按照党中央、国务院的统一部署，制造业的发展取得了积极成效。推动制造业质量变革，效率变革和动力变革，要着力从6个方面开展工作：第一，补齐关键领域短板和弱项；第二，优化制造业创新生态；第三，促进产业融合发展；第四，培育发展先进制造业集群；第五，进一步优化发展环境；第六，扩大制造业高水平开放。

国家发展改革委党组成员、副主任罗文（2019）在“第五次国家级新区工作经验交流会暨新区工作推动会”上指出，推动制造业高质量发展，国家级新区要走在全国前头。这是当前和今后一个时期国家级新区发展的方向和遵循。国家级新区于20世纪90年代初期开始设立，是承担着国家重大发展和改革开放战略任务的综合功能平台。目前，我国已设有包括上海浦东新区、天津滨海新区、广州南沙新区等19个国家级新区。

尚会永和白怡珺（2019）认为，加强技术研发是实现制造业领先和超越的关键，提高劳动者素质是重要保障，保持系统性优势是基础。

黄鑫（2019）认为，推动制造业高质量发展应重视市场机制的决定性作

① 苗圩．大力推动制造业高质量发展［EB/OL］．求是网，2019－03－16. http：//www. qstheory. cn/dukan/qs/2019－03/16/c_1124241396. htm? spm = zm5062－001. 0. 0. 1. jfFIlk

用，加大市场体系改革和建设力度，通过市场化和法治化方式，稳步推进企业优胜劣汰。

肖伟（2019）认为，推动制造业高质量发展，要坚持市场主导，鼓励数字化智能化改造，以及进一步降低实体经济成本。

任保平（2019）认为，制造业高质量发展是我国经济高质量发展的核心和基础，需要在战略高度上思考制造业的高质量发展。新时代我国制造业的高质量发展需要坚持六大战略：一是坚持工业化战略；二是坚持创新驱动战略；三是坚持智能化战略；四是坚持新动能培育战略；五是坚持改革发展战略；六是坚持品牌提升战略。推动中国制造向中国创造转变、中国产品向中国品牌转变。

郭朝先（2019）认为，制造业和服务业融合发展是工业化后期和从工业经济转向服务经济时代的一个普遍趋势，是制造业和服务业融合发展的具体化和深化，产业融合发展对现阶段我国制造业高质量发展具有重要的现实意义。融合发展有三条实现途径：第一，先进制造业服务化；第二，现代服务业向制造业拓展延伸；第三，双向深度融合，最终形成以平台企业为主导的新产业生态系统。并从这三个方面对我国产业融合发展现状进行分析和度量。当前产业融合存在的问题主要是：融合程度偏低，融合效益不明显；制造业“大而不强”，沿价值链攀升和融合发展能力不足；服务业“自我循环”，对先进制造业发展支持不足；平台企业缺乏核心技术，关键零部件和核心技术依赖国外。针对当前先进制造业和现代服务业融合发展现状和问题，提出了促进产业融合发展，进而推动制造业高质量发展的对策建议。

王遥和刘苏阳（2019）分析金融支持制造业高质量发展所面临的问题，并给出金融支持制造业高质量发展建议。

高煜（2019）认为，紧抓新一轮产业革命的契机，以人工智能与制造业深度融合为手段，推动制造业迈向中高端是制造业高质量发展的关键。其实质是，在智能化时代即将来临的重大历史节点，建立智能化时代制造业发展的智能化模式，推动智能化时代制造业智能化发展。中国人工智能与制造业的深度融合现实悖论主要原因在于制造业智能化模式系统构建约束、转换成本约束、双期叠加约束等。推动智能化时代人工智能与制造业深度融合的政策取向应当从短期政策调整转向长期体制机制配套建设。

吕铁和刘丹①认为，中国制造业已经具备全球瞩目的规模优势，同时劳动生产率持续增长，技术创新成效显著。但从发展质量看，在劳动力、技术、能源等关键要素的投入产出效率方面，我国与美国、日本、德国等全球制造业先行国家的差距依然明显。与此同时，制造业本身在发展中也存在一些问题，面临诸多挑战。更好地推进现代化产业体系建设，特别是现代化制造业体系建设，就要在明晰我国制造业发展机遇与挑战的基础上，进一步厘清推进制造业高质量发展的基本思路，采取有针对性的务实举措。他们还提出，推动制造业高质量发展要完善制造业体系顶层设计，大力建设产业创新体系，注重推动三次产业融合发展，加强区域产业协作机制和区域间优势互补、错位发展。

陈亮和杨向辉②认为，把握经济社会发展基本规律，加速中国由制造大国向制造强国、由中国制造迈向中国创造做出的战略安排，首先要把握科技发展规律，把创新作为引领制造业高质量发展的第一动力；其次要把握产业结构演进规律，以合理的产业政策增强制造业高质量发展的内生动力；最后要把握市场经济运行规律，以深化改革开放激发制造业高质量发展的活力。

杨雄③提出，改革开放以来，中国制造业不断发展壮大，产业体系门类齐全，规模跃居世界第一，已经成为制造业生产、出口、利用外资和境外投资大国。但不可否认，中国制造业总体上仍处在全球产业链的中低水平，与世界制造业强国差距明显，同时又面临其他发展中国家的追赶，传统规模优势不断衰减，形成了在全球制造业市场上两端受压的不利局面。面对差距与不利因素，为推动制造业高质量发展，扩大新一轮高水平对外开放是其中一项重要抓手。建议做好“深度融入全球产业链、做实对外开放各项制度、构建有效服务平台、修订国际游戏规则”等四项工作。

---

① 吕铁，刘丹．我国制造业高质量发展的基本思路与举措［EB/OL］．光明网，2019－04－18．http：//theory. gmw. cn/2019－04/18/content_32753245. htm

② 陈亮，杨向辉．把握经济发展规律推动制造业高质量发展［EB/OL］．人民网，2019－09－11．http：//theory. people. com. cn/n1/2019/0911/c40531－31347717. html

③ 杨雄．以高水平对外开放促进制造业高质量发展［EB/OL］．人民网，2019－06－20．http：//politics. people. com. cn/n1/2019/0620/c1001－31171407. html

杨蕙馨和焦勇①提出，要牢牢抓住这一历史性机遇，大力实施创新驱动发展战略，不断增强我国制造业企业的创新创造活力和动力，推动制造业高质量发展。为此，必须将生产过程与大数据、云计算、人工智能等新一代信息技术融合，制造业模块与下游应用模块融合，着力推进模式创新与业态创新，实现制造业向智能制造、数字制造转型；必须着力突破"关键基础材料、核心基础零部件、先进基础工艺、产业基础技术等"制约我国高端制造业发展和产品附加值提升的技术瓶颈，实现制造业向核心产品、整机制造转型升级。

综上所述，国内社会各界对推进制造业高质量发展的实现路径、基本思路、关键因素等方面都进行了思索与探讨。这些思考都是在中央政府的经济工作指导下，围绕"质量提高、改造升级、产业融合、技术创新、改善营商环境"等主题展开的，是对中央政府制定的产业发展政策的全面响应。

二、对制造业企业高质量发展的研究

此类研究的对象是作为制造业微观构成单位的制造企业，目的在于如何从企业层面着手落实推进制造业高质量发展的宏观产业政策。

陈昭和刘映曼（2019）基于2012~2017年制造业上市公司的年报数据，依照中介效应模型检验程序，运用逐步回归方法，研究政府补贴对制造业企业发展质量的影响。得出的结论是：从总效应来看，政府补贴抑制了企业发展质量的提升，但是政府补贴也通过激励企业创新进而对企业发展质量产生了正向影响，企业创新发挥的正向间接效应弱化了政府补贴直接效应的负向影响，具体表现为遮掩效应。企业生命周期的分样本研究表明，政府补贴对企业发展质量的影响效果以及对企业创新的遮掩效应存在显著差异。促进制造业企业高质量发展的关键在于提高企业创新积极性，因此政府应提供必要的政策支持和制度保障，并坚持以市场机制为基础、以企业为主体的创新驱动发展新路径。

---

① 杨蕙馨，焦勇．突破技术瓶颈实现转型升级人民日报有的放矢：抓住制造业高质量发展的关键［EB/OL］．人民网，2019-08-28. http://opinion.people.com.cn/n1/2019/0828/c1003-31321107.html

裴秋蕊和卢进勇（2019）认为，从价值链视角来看，自主品牌是中国制造业企业获取竞争优势的关键，可通过协同技术进步实现高质量发展。“企业主导下的技术进步与品牌协同发展模式”“小规模技术领先推动的技术进步与品牌协同发展模式”“商业模式创新的技术进步与品牌协同发展模式”是不同规模企业实现高质量发展的重要途径。

李巧华（2019）认为，制造业高质量发展是实现新时代经济高质量发展的基础和前提，而制造业企业作为微观经济主体，是其能否成功实现的“承载体”。他从新时代现实情景、高质量与制造业企业发展的关系出发，界定了制造业企业高质量发展的含义；并根据企业竞争优势、组织创新、技术创新相关理论，基于“动因－行为”逻辑，探究了制造业企业高质量发展的动力机制；再在此基础上，根据平台化组织的构成节点和技术创新来源的分解，提出了制造业企业高质量发展的实现路径：基于引进技术的平台开发嵌入路径、基于自主研发技术的平台开发嵌入路径、基于自主研发技术的双边市场嵌入路径、基于引进技术的双边市场嵌入路径。

刘胜、顾乃华、李文秀和陈秀英（2019）认为，中共十九大报告提出要以城市群为主体构建大中小城市和小城镇协调发展的城镇格局，但迄今为止关于中国城市群空间功能分工如何影响微观企业动态成长的实证研究仍相对匮乏。他们基于“规模借用”与“功能借用”视角，探讨了城市群空间功能分工对制造业企业成长的影响效应及其作用机制，并运用中国工业企业数据库微观数据进行实证检验。研究结果表明：城市群空间功能分工优化显著地促进了制造业企业成长，并且这一影响会因企业所处的地理区位、生命周期阶段和行业要素密集度的差异而存在异质性，对处于东部城市群、成熟期阶段和技术密集型行业的制造业企业作用会更为显著。城市群空间功能分工主要通过“产业互动关联效应”“产业多样化集聚效应”和“市场准入提高效应”传导机制来影响制造业企业成长。他们的成果为检验城市群空间功能分工与微观企业成长之间的“产城融合”关系提供了研究支持，也为地方政府优化城市群空间格局和城市功能分工、促进城市群产业转型升级和创新城市群一体化发展体制机制提供了决策参考。

李愸劼（2019）从近期减税降费相关政策出发，集中回顾了近年来我国增值税和社保费率改革的历史进程，在对减税降费的相关政策进行梳理归纳的基础上，深入分析了相关政策对制造业企业提升利润空间、降低采购价格、缓解资金压力、改善成本结构方面的影响，提出在减税降费政策背景下我国制造业企业应抓住难得的机遇，深化供给侧结构性改革、提升研发能力和产品附加值、灵活选择定价与竞争策略、优化用工成本和结构，推动高质量发展等建议。

尚会永和白怡珺（2019）认为，改革开放 40 年来，中国制造业发展取得了举世瞩目的成就，制造业产业链的完整性及企业的管理水平、价值创造能力等都有了大幅度的提升。当前，面对以互联网为代表的新技术所引发的生产方式及消费模式深度变革的机遇，以及中美贸易摩擦的压力，进一步提升中国制造业的整体水平，培育具有全球竞争力的本土制造业企业、建设一个优秀制造业企业不断涌现的机制和商业环境是新时期所提出来的重要改革命题。

上述研究基于微观机制，论证了产业的微观主体（企业）在推进制造业高质量发展中的重要性，并就在实践中如何发挥企业的作用提出了建议。陈昭等（2019）和刘胜等（2019）的研究更是运用回归分析的方法，对如何激发企业活力、促进产业发展进行了定量分析。他们的研究具有非常重要的借鉴意义，特别是界定的各种变量和运用的模型。

三、构建制造业高质量发展评价体系

目前对于制造业高质量发展评价指标体系的研究较少，更缺乏对指标数据的统计和实践检验。构建一套科学合理的制造业高质量发展评价指标体系，为有关政策制定实施提供现实基础和依据，是又一个重要的研究课题。

国家统计局近几年陆续发布了多个指标体系：《中国创新指数研究报告》[①] 构建的评价体系包括创新环境、创新投入、创新产出、创新成效 4 个领域 20 个指标；《中国绿色发展指数报告》[②] 构建的评价体系包括经济增长

① 国家统计局课题组．中国创新指数研究报告［EB/OL］．中国政府网，2017. http：//www.gov.cn/shuju/2017－12/07/content_5245126.htm

② 国家统计局课题组．我国首次发布绿色发展指数评价各地发展质量［EB/OL］．新华社，2017. http：//www.stats.gov.cn/tjsj/sjjd/201712/t20171226_1566840.html

绿化度、资源环境承载潜力、政府支持力度 3 个方面的一级指标，省际层面下设 9 个二级指标和 62 个三级指标，城市层面下设 9 个二级指标和 45 个三级指标；新动能指数①涵盖知识能力、创新驱动、经济活力、数字经济、转型升级、发展成效 6 个方面。

国家统计局中国经济景气监测中心副主任潘建成②提出，要从创新及经济增长新动能、效率、产品质量、社会资源的充分利用 4 个维度来评判经济发展质量；要构建发展平衡充分指数，动态监测区域发展、产业发展、投资、消费等方面不平衡不充分发展问题的改善进程。

朱启贵③提出，高质量发展的指标体系可由动力变革、产业升级、结构优化、质量变革、效率变革、民生发展 6 个方面组成。

殷醒民④提出，高质量发展的评价可扩展为全要素生产率、科技创新能力、人力资源质量、金融体系效率、市场配置资源机制 5 个维度。

张文会和乔宝华（2018）认为，在新时代推动制造业高质量发展的背景下，构建一套评价各省份制造业高质量发展水平的指标体系，是至关重要的。他们梳理了近几年国内权威机构和专家学者对高质量发展评价的相关提法，初步构建了中国制造业高质量发展指标体系，涵盖创新驱动、结构优化、速度效益、要素效率、品质品牌、融合发展、绿色制造七大类，共计 27 项指标；并对计算中国制造业高质量发展指数提出了几点思考：一是采用主观和客观两种赋权法确定指标权重；二是计算横向和纵向两个维度的高质量发展指数；三是从总指数和分类指数两个层面衡量高质量发展情况。他们还构建了涵盖创新驱动、结构优化、速度效益、要素效率、品质品牌、融合发展与绿色发展 7 个一级指标的评价体系。

江小国、何建波、方蕾（2019）在构建制造业高质量发展评价指标体系

---

① 国家统计局课题组．我国初步建立反映新动能新产业的统计体系［EB/OL］．新华社，2017 - 09 - 07．http：//jjckb. xinhuanet. com/2017 - 09/07/c_136592072. htm

② 潘建成．推动高质量发展［EB/OL］．经济参考报，2017 - 12 - 26．http：//www. jjckb. cn/2017 - 12/26/c_136849643. htm

③ 朱启贵．建立推动高质量发展的指标体系［EB/OL］．文汇报，2018 - 02 - 06．http：//ciug. sjtu. edu. cn/web/show？ w = 38&p = 3&f = 2511

④ 殷醒民．高质量发展指标体系的五个维度［EB/OL］．文汇报，2018 - 02 - 06．http：//ex. cssn. cn/glx/glx_xzlt/201802/t20180206_3841995. shtml

的基础上，利用全国31个省份的2004～2017年面板数据，分析制造业高质量发展水平及其时空特征。研究表明：从总体来看，我国制造业高质量发展水平呈现上升趋势，2015年后上升速度加快；从空间分布来看，呈现出“东强西弱”的发展态势，东部地区明显高于其他地区，中西部次之，东北最弱。之后，基于依托基础、发展动力、生产方式、产品模式、支撑行业、配套产业与发展目标7个维度，提出推动制造业高质量发展的立体化路径。

许卫华（2019）提出，科学合理的考核指标体系是推动制造业高质量发展的重要“指挥棒”；并在梳理分析近年来国内制造业高质量发展指标体系的相关研究和实践的基础上，初步构建了涵盖转型发展、创新发展、融合发展、绿色发展和企业发展五大类共计20项指标的河南省制造业高质量发展指标体系。

虽然国家机构和众多学者构建出各种各样的评价指标体系，但是并没有任何体系获得一致认可，用于制造业高质量发展成效的评价。分析其原因，应该是由于绝大多数的评价指标体系是基于定性分析和理论推演的，缺乏定量分析和数据支持。数量化研究是此类研究的未来方向。

四、对装备制造业高质量发展的研究

2018年底的中央政府经济报告中提到，要“加强国际产能和装备制造合作”。同时，装备制造业是工业的核心和国民经济的生命线，是构成国家综合国力的重要产业。因此，不少学者对装备制造业的高质量发展进行了研究。

赵红娟（2017）提出，辽宁省装备制造业产业基础好、工业体系完整、技术成熟，在国际市场上具有一定的竞争优势，“一带一路”倡议也为辽宁省装备制造业“走出去”提供了和平环境、新空间、新领域及一系列便利条件，但当前面临着资金融通不够、附加值低、自主创新能力不足、缺乏国际化人才的瓶颈。充分利用“一带一路”和“中国制造2025”等大好时机，推动辽宁装备制造业高质量“走出去”和国际产能合作，需要加大政策扶持力度；拓展融资渠道；培育一批重点支持企业；创新“走出去”运行模式；优化产品结构，提高企业自主创新能力；完善人才保障制度。

张文会和韩力（2018）提出，制造强国战略的重要使命之一，就是要加快提升工业发展质量，尤其是在装备领域要有重大突破，以在全面推动质量变革、效率变革、动力变革过程中发挥引领性作用。他们基于 2012 ~ 2016 年统计数据，从创新、效益、速度三大维度对我国装备制造业发展质量进行了评估，提出我国装备制造业高质量发展应重点增强的三大能力：一是增强装备制造业持续创新能力；二是增强装备制造业持续盈利能力；三是增强装备制造上下游行业协同能力。

陈瑾和何宁（2018）认为，中国经济已由高速增长阶段转向高质量发展阶段。随着新一轮技术革命的不断推进，信息技术效能的作用进一步彰显，中国制造业正从工业化支撑发展到信息化、工业化两化融合引领创新驱动和升级发展，尤其是我国装备制造业既面临发达国家和其他发展中国家“双向挤压”的严峻挑战，也面临着技术革命带来的机遇而推动产业转型升级。他们在对装备制造业升级路径作出相关文献综述的基础上，分析了产业升级面临的问题，提出基于正向工程的集群式升级路径、自主创新的具体方法，并进行评价指标体系研究。最后提出，强化功能性产业政策的引导作用，促进企业以市场需求为导向提升自主创新能力；高度关注装备制造业资产结构，打造军民融合产业聚集地；推动信息技术与装备制造业深度融合，建立基于技术成熟度的产学研结合机制；不断提升经济创新力和全球竞争力，积极融入国际分工网络等对策建议。

任继球（2019）认为，我国装备制造业规模大、门类广，出口规模快速提升，产业升级加快，逐步向发达国家核心利益领域迈进。但是，装备制造业对进口装备依赖较大，陷入“全球化”困境，国内成套设备需求不足，集成厂商陷入“干中学”困境，产业链上下游各环节割裂，集成商和核心零部件企业陷入“合作型”困境。为促进我国装备制造业高质量发展，需推动产业政策支持方式转型，集中攻关一批核心技术，加强政策引导和支持，发动国产装备需求革命，有效整合产业链资源，增强集成厂商与核心零部件企业组织黏性，紧抓产业发展之中的“变”，追赶发达国家。

从上述文献的研究内容来看，对于装备制造业高质量发展的研究集中在产业链前后向融合、与国际化发展战略融合两个方面。随着装备制造业改造升级和国际化的深入，产业发展相关数据和经验的累积，相关研究应会涉及产业的更多方面、应用更细致的分析方法。

五、基于地区实践的制造业高质量发展建议

部分学者还对特定地区（如省、直辖市或区域）如何落实推进制造业高质量发展产业政策进行了研究。

成文（2018）提出，技术创新水平制约了天津先进制造业高质量发展。提升天津先进制造业竞争能力需要引导企业通过加强自主创新，建立企业自主研发体系；提高企业研发投入，促进产业技术越级提升；推进京津冀三地产业跨区域合作，推动创新资源要素流通；推动企业智能化改造，淘汰落后产能；加速创新载体建设，优化创新创业服务；加强产业技术创新人才培育，强化人才保障等方式全面提高企业技术创新能力。

郭新明（2018）认为，2016 年以来，人民银行南京分行深入实施“金融支持制造业提质增效行动计划”，以“一个聚焦、四个聚力”为主要抓手，推动全省金融服务制造业转型升级取得阶段性进展。下阶段，人民银行南京分行将牢牢把握金融服务实体经济工作要求，继续加强政策引导、推进金融改革、提升金融服务、优化金融环境，力争金融服务制造业转型升级取得更大成效。

滕堂伟和瞿丛艺（2018）认为，衔接研发与本地制造、建立起高效运转的制造业创新生态系统，是金融危机后美国加州能够实现制造业持续转型发展的关键。上海制造业发展面临产业规模与企业数量等多维增长乏力、就业岗位贡献持续下降、人才吸引受到“双重挤压”、创新驱动力不足、劳动生产率提升缓慢等突出问题，亟须精细化创新治理。上海可借鉴美国加利福尼亚州制造业实践经验，从创新主体强化、创新网络构建、创新人才培养等方面优化制造业创新生态，促进上海制造业高质量发展。

吕永权（2018）提出，推动制造业高质量发展，对提升制造业创新力和国际竞争力，助推国民经济持续健康发展，促进经济社会协调发展，加快建设社会主义现代化强国具有重要的战略意义和现实意义。制造业高质量发展应具有的基本标志，在回顾分析广西制造业发展基本现状的基础上，对广西制造业发展质量研究并得出基本判断：认为广西制造业发展质量效益虽有提高，但总体来看距离“高质量发展”应具有的基本要求仍有较大差距，要实

现广西制造业高质量发展仍需付出长期艰巨的努力。在对广西制造业发展情况进行分析判断的基础上，对如何推进广西制造业高质量发展提出了对策和建议，以期对推进广西制造业高质量发展具有一定的参考价值。

王中亚（2018）提出，制造业是实体经济的主体，是强国富民的物质基础。近年来，河南制造业综合实力不断增强，结构调整取得新成效，集群发展呈现新格局，创新能力得到新提升，开放合作实现新突破。然而，与高质量发展要求以及国内经济发达省份相比，河南先进制造业强省建设任务依然十分艰巨，面临着严峻挑战。系统谋划高质量发展阶段的河南先进制造业强省建设，必须贯彻落实新发展理念，不断优化营商环境，实施创新驱动战略，全面推行绿色制造，加速推进智能制造。

李文增和民盟天津市委员会课题组其他成员（2019）认为，中共十九大报告提出培育若干世界级先进制造业集群，这是推动我国制造业实现高质量发展的战略选择。推动天津工业高质量发展，应立足京津冀协同发展战略，打造全国先进制造研发基地，为京津冀地区建设世界级先进制造业集群作出贡献。当前，天津市先进制造业主要集聚在国家自主创新示范区，他们以其核心区——滨海高新区为载体开展研究，并提出相关对策建议。

第四节　小　　结

经上述分析可知，由于“推进制造业高质量发展”的工作任务确定时间比较短，因此目前对该问题的相关研究还只集中在国内，并未引起国外研究者的重视。国内的研究则基本上采用定性方式进行理论上的探讨，内容也主要集中在解读中央精神、提出实施建议、构建评价体系、分析具体路径等方面，定量化的研究非常有限。故而，后续研究应当借鉴国外对制造业的相关研究成果（特别是数量分析方面的研究），建立适应中国国情的定量模型，并运用实践数据检验后，依据相应结论给出科学的建议与对策。

| 第二章 |

中国制造业高质量发展评价指标体系及测度

第一节 中国制造业高质量发展评价指标体系

一、中国制造业高质量发展评价指标体系研究综述

随着国际制造业竞争的加剧，国家对制造业发展的重视，学术界关于区域制造业评价的成果不断增多，评价的视角有：竞争力评价指标、新型制造业评价指标、制造业两化融合水平评价指标、制造强国评价指标、制造业创新能力评价指标，等等。这些指标都能反映制造业高质量发展的某个领域或方面，为区域制造业高质量发展评价提供了较好的基础。

（一）制造业创新能力评价

（1）吴雷和陈伟（2009）从创新投入能力、R&D 能力、产品营销能力、创新产出能力 4 个方面设计装备制造业技术创新评价指标体系，见表 2 – 1，利用改进的 DEA 模型对黑龙江省 15 家装备制造企业技术创新能力进行实证分析。

表 2 – 1　吴雷和陈伟（2009）：装备制造业技术创新能力评价指标体系

维度	评价指标
创新投入能力	技术创新总经费
	创新机制激励性
R&D 能力	R&D 经费投入
	R&D 人员比例
	R&D 仪器设备先进性
	专利拥有数
产品营销能力	产品营销费用
	产品营销人员比例
	产品营销体系的适应度
创新产出能力	新产品收益率
	新产品销售收入

（2）张颖和李凤梧（2009）利用主成分分析法，构建广东省制造业知识密集程度指标体系并进行实证分析，见表 2 – 2。

表 2 – 2　张颖和李凤梧（2009）：广东省制造业知识密集程度指标体系

维度	评价指标
知识投入	产业从业人员平均受教育年数
	拥有技术职称的人员占产业总从业人数的比例
	拥有技术等级的人员占产业总从业人数的比例
	产业年 R&D 经费支出占产业年总产值的比例
	产业 R&D 人员占该产业总从业人数的比例

续表

维度	评价指标
知识产出	产业的人均增加值
	产业年拥有的发明专利数
	产业的年增加值率
	产业新产品产值占总产值的比例

（3）郑若谷（2010）从创新基础、投入水平和产出水平三个方面构建制造业自主创新评价指标体系，见表2－3。

表2－3　郑若谷（2010）：制造业自主创新评价指标体系

维度	评价指标
创新基础	非国有经济增加值比重
	科技活动经费筹集总额中来自政府资金的比例
	科技活动经费筹集总额中来自金融机构贷款的比例
	内资企业资本劳动比与三资企业资本劳动比之比
	产业增加值与产业内企业的总数量之比
	产业内拥有科技机构的企业数比重
	微电子控制设备原值占生产经营用设备原价的比重
投入水平	R&D 人员占科技活动人员的比重
	R&D 经费占科技活动经费支出总额的比重
	科技项目数与产业企业数目之比
	技术改造经费在科技活动经费中的比重
	技术引进经费在科技活动经费中的比重
	技术消化吸收经费在科技活动经费中的比重
	购买国内技术经费在科技活动经费中的比重

续表

维度	评价指标
产出水平	专利申请数目
	发明专利申请数量
	发明拥有量
	新产品业务收入占主营业务收入比重
	新产品产值占工业总产值比重

（4）罗天洪和熊中楷（2010）建立了制造业知识管理创新能力评价指标体系，见表2-4，运用集成AHP（analytic hierarchy process）和多层次模糊分析的方法，对装备制造业知识管理创新能力进行综合评价。

表2-4 罗天洪和熊中楷（2010）：制造业知识管理创新能力评价指标体系

维度	评价指标
知识测评	知识的处理速度
	知识的条理性和系统性
	检索的方便性
	知识的规模和相关性
知识获取	个人知识存量
	组织知识存量
	个体内隐知识共同化
	组织外部知识内部化
知识传递	信息数字化
	因特网的使用
	数据获取的效率
	人际沟通状况
	团队互动状况

续表

维度	评价指标
知识分享	员工对共享的价值观
	企业共享的企业文化
	团体共识外显
知识整理与更新	新、旧知识体系化
	外显知识组合
	社会化：从隐性知识到隐性知识
	外化：从隐性知识到显性知识
	连接化：从显性知识到隐性知识
	内化：从显性知识到隐性知识
知识创新	员工学习能力
	组织研发资源投入
	组织资源使用
	辅助决策分析能力
知识储备与应用	长期储备
	短期储备
	显性知识转化为实践
	隐性知识到实践
	知识重用

（5）赵金楼和王英照（2010）借助模糊综合评价模型，选取黑龙江省的金属制品业、通用设备制造业、专用设备制造业、交通运输设备制造业、电器装备及器材制造业、电子及通信设备制造业、仪器仪表及文化办公用装备制造业这七大行业作为样本，测度黑龙江装备制造业技术引创能力指数，指标体系见表2－5。

表2-5　赵金楼和王英照（2010）：装备制造业技术引创能力评价指标体系

维度	评价指标
装备制造业技术引创能力内部因素	技术购买经费投入强度
	消化吸收经费投入强度
	技术改经费投入强度
	R&D 经费投入强度
	技术引创人员占从业人员比重
	技术引创人员的整体水平
	有科研机构企业数占全部企业比重
	引进技术国产化率
	再创新新产品成功率
	装备的整体先进性
	工程技术人员占从业人员比重
	设备购置费占固定资产构建费比重
	国产化新产品销售收入比重
	再创新新产品销售收入比重
	再创新技术新颖性
	国产化新产品产值比重
	再创新产品产值比重
装备制造业技术引创能力外部因素	产业、技术政策支持
	财政、税收政策支持
	科学研究基地建设
	科研队伍水平
	科技成果
	科技中介机构建设
	科技中介机构服务能力
	信息技术先进程度
	信息化建设水平

（6）郑锦荣和徐福缘（2010）从投入能力、研发能力、产出能力构建制

造业技术创新能力评价指标体系，见表 2 -6。

表 2 -6　郑锦荣和徐福缘（2010）：制造业技术创新能力评价指标体系

维度	评价指标
投入能力	研发经费投入强度
	科技活动经费投入强度
	研发人员占从业人员比重
	科技活动人员占从业人员比重
研发能力	科学家和工程师与研发人数之比
	每千人发明专利拥有数
产出能力	新产品销售收入与产品销售收入之比
	新产品出口额与新产品销售收入之比
	新产品劳动生产率

（7）王乐杰（2010）建立了制造业集群人才吸引力评价指标体系，见表 2 -7，运用主成分分析法对长三角、珠三角和胶东半岛三个制造业基地 23 市制造业集群的人才吸引力进行了评价和比较分析。

表 2 -7　王乐杰（2010）：制造业集群人才吸引力评价指标体系

维度	评价指标
区域经济实力	地区生产总值
	外商直接投资
区域生活环境	人均公共绿地面积
	人均教育经费
	每万人拥有卫生技术人员数
区域创新环境	科技三项费用
	专利授予数量
	普通高校数量
集群实力	规模以上工业企业增加值占地区生产总值比重

续表

维度	评价指标
集群创新环境	规模以上企业科技人员数量
	规模以上工业企业科技活动内部支出
集群人才规模	制造业在岗职工数量

（8）郑晓奋和李少付（2010）构建了安徽省制造业创新能力指标体系，见表2－8，包括R&D投入力度、创新费用融资与创新产品销售能力、自主研发能力、形成创新品牌能力4个方面。

表2－8　郑晓奋和李少付（2010）：安徽省制造业创新能力指标体系

维度	评价指标
R&D投入力度	有产品创新或工艺创新的企业比重
	产品创新原始创新企业比重
	产品创新集成创新企业比重
	工艺创新原始创新企业比重
	工艺创新集成创新企业比重
	国内新企业数比重
	企业新企业数比重
	申请专利企业比重
	技术秘密内部保护企业比重
	开展内部R&D企业比重
创新费用融资与创新产品销售能力	企业资金占创新费用来源比重
	金融机构贷款占创新费用来源比重
	国内新产品销售收入比重
	企业新产品销售收入比重
自主研发能力	产品创新本企业自主研发企业比重
	工艺创新本企业自主研发企业比重
形成创新品牌能力	拥有自主品牌企业比重
	注册商标企业比重

（9）徐丰伟（2011）基于协同视角，提出产业技术创新能力主要由产业自身创新能力和产业创新内外部协同两大方面因素构成，由此构建了装备制造业技术创新能力评价指标体系，见表2-9。以此对装备制造业技术创新能力影响因素进行了分析，进而设计了装备制造业技术创新能力评价指标体系。装备制造业技术创新能力的自身因素主要包括技术创新投入能力、技术创新支撑能力和技术创新转化产出能力。装备制造业技术创新能力的协同因素主要包括产业创新内部协同能力和产业创新外部协同能力。

表2-9　徐丰伟（2011）：装备制造业技术创新能力评价指标体系

维度	评价指标
技术创新投入能力	R&D投入强度
	非R&D投入强度
	科技活动人员投入强度
	科技活动经费投入强度
技术创新支撑能力	微电子控制设备占生产设备的比重
	人均专利申请数
	工业增加值率
	创新意识
	全员劳动生产率
	产品市场占有率
技术创新转化产出能力	技术引进消化吸收比例
	出口产品率
	新产品销售收入占全部销售收入比重
	新产品产值率
技术创新内部协同能力	创新环节素质
	创新组织效率
	创新内部环境
	创新内部敏捷

续表

维度	评价指标
技术创新外部协同能力	产学研合作开发度
	技术引进经费比重
	科技政策对创新的支持力度
	金融政策对创新的支持力度

（10）段婕和刘勇（2011）从技术创新保障能力、创新资源投入能力、技术创新转化吸收能力、创新资源产出能力 4 个方面构建我国装备制造业的技术创新能力评价指标体系，见表 2－10。用因子分析法建立评价模型，以我国装备制造业行业 7 个子行业 2009 年面板数据为研究样本，对其技术创新能力进行定量评价和实证分析。

表 2－10　段婕和刘勇（2011）：装备制造业的技术创新能力评价指标体系

维度	评价指标
技术创新保障能力	企业科技机构数
	科技机构人员数
	科技项目数
	科学活动经费筹资总额
创新资源投入能力	R&D 经费占主营业务收入比重
	科学家与工程师占科技活动人员比重
	开发新产品经费
	新产品的开发项目数
技术创新转化吸收能力	购买国内技术经费
	消化吸收经费
	技术引进经费
	技术改造经费

续表

维度	评价指标
创新资源产出能力	专利申请数
	新产品产值
	产品销售率
	总资产贡献率

（11）金余泉和韩东林（2011）从技术创新产出能力、技术转移吸收能力、技术创新投入能力、技术创新环境支撑能力 4 个方面设计基于 CPM 的安徽制造业技术创新能力评价指标体系，见表 2－11。

表 2－11　金余泉和韩东林（2011）：安徽制造业技术创新能力评价指标体系

维度	评价指标
技术创新产出能力	新产品销售收入/工业总产值
	新产品工业总产值
	有效发明专利数/R&D 人员数
	专利申请数/R&D 人员数
技术转移吸收能力	技术消化吸收经费/新产品销售收入
	技术改造经费/新产品销售收入
	技术引进经费/新产品销售收入
	购买国内技术经费/新产品销售收入
技术创新投入能力	R&D 人员数/从业人员数
	研究人员/R&D 人员数
	R&D 活动经费内部支出/新产品销售收入
	R&D 活动经费外部支出/新产品销售收入
	固定资产原价/工业总产值

续表

维度	评价指标
技术创新环境支撑能力	开展 R&D 活动企业数/企业总数
	有科技机构企业数/企业总数
	R&D 活动中政府资金/R&D 活动经费支出
	高新技术企业减免税/新产品销售收入
	新产品销售率
	资产负债率

（12）张梦露和张忠家（2011）从技术创新的资金投入、人力投入、创新产出等方面构建了湖北省制造业技术创新能力评价指标体系，见表 2－12，并用因子分析法对湖北省制造业的技术创新能力进行了实证研究。

表 2－12　　张梦露和张忠家（2011）：制造业创新能力评价指标体系

维度	评价指标
资金投入	企业资金
	金融机构贷款
	政府部门资金
	开发新产品费用
	技术引进费
	技术改造费
	项目经费
	大中型企业数目
人力投入	科学家和工程师人数
	科技人员数
创新产出	专利数
	国家技术发明奖项
	国家科技进步奖项

（13）吴永林和赵佳菲（2011）从技术创新投入能力、消化吸收能力、研究开发能力和技术创新产出能力4个维度高技术企业技术创新能力评价指标体系，见表2－13，运用因子分析法，对北京高技术企业总体的技术创新能力进行了实证分析。

表2－13　吴永林和赵佳菲（2011）：高技术企业技术创新能力评价指标体系

维度	评价指标
技术创新投入能力	科技活动人员人均科技活动经费
	技术改造经费占科技活动经费比重
	科技活动经费外部筹集额占总筹集额比重
	科学家占科技人员比例
消化吸收能力	技术消化吸收经费占技术引进经费比重
研究开发能力	每百人研发人员专利拥有量
	R&D 人员人均研发费用
	新产品开发经费占科技活动经费比例
技术创新产出能力	新产品销售率
	新产品销售收入占总销售收入比例
	单位新产品开发经费的新产品产值

（14）赵琳和范德成（2012）从技术创新资源投入能力、研发能力、创新产出能力三个方面构建了我国装备制造业技术创新能力评价指标体系，见表2－14，利用微粒群算法对我国装备制造业七大行业进行实证分析。

表2－14　赵琳和范德成（2012）：装备制造业技术创新能力评价指标体系

维度	评价指标
创新资源投入能力	研发财力投入强度
	研发人力投入强度
	研发机构投入强度

续表

维度	评价指标
研发能力	千人项目数
	新产品开发强度
	千人发明专利数
创新产出能力	新产品销售收入能力
	新产品出口能力
	新产品劳动生产率

（15）徐建中和谢晶（2013）利用动态因子分析方法，构建了制造业先进性的评价指标体系（见表2－15），从经济、科技、能源、环境、社会五个方面，对我国制造业先进性属性进行了初探，判断并测度1998～2010年我国制造业的先进性，发现我国制造业先进性体现的程度在总体上呈现上升趋势，但是存在明显的阶段性特征。

表2－15　徐建中和谢晶（2013）：制造业先进性的评价指标体系

维度	评价指标
经济	制造业总产值
	制造业增加值
	制造业利润总额
科技	制造业R&D活动经费支出
	制造业R&D活动人员全时当量
	制造业新产品开发项目数
环境	制造业废水排放量
	制造业废气排放量
	制造业固体废弃物排放量
能源	制造业煤炭消耗总量
	制造业原油消耗总量
	制造业电力消耗总量

续表

维度	评价指标
社会	制造业利税总额
	制造业年末从业人数
	制造业职工平均工资

（16）刘慧岭（2013）建立由制造业创新资源投入能力、研发能力、创新产出能力三个方面组成的因子分析模型，利用因子分析法对武汉市制造业行业进行因子评分，见表2－16。从结果分析可知，武汉制造业行业在创新能力方面存在不平衡问题。知识密集型行业的创新能力普遍较高，而传统的劳动密集型和资金密集型行业则进入发展瓶颈，亟须改变传统的发展方式。

表2－16　　刘慧岭（2013）：制造业创新能力评价指标体系

维度	评价指标
创新资源投入能力	研发财力投入强度
	研发人力投入强度
	研发机构投入强度
研发能力	千人项目数
	新产品开发强度
	千人发明专利数
创新产出能力	新产品销售收入能力
	新产品出口能力
	新产品劳动生产率

（17）边明英和孙虹（2016）从经费投入、人员投入和新产品创新产出等方面构建了天津市制造业技术创新能力评价指标体系，见表2－17，并利用因子分析法研究天津市制造业技术创新能力。发现其在科技活动经费投入和研发经费投入能力等方面普遍较高，但在科技活动人员投入和发明专利能力等方面普遍较低。

表 2－17　边明英和孙虹（2016）：天津市制造业技术创新能力评价指标体系

维度	评价指标
经费投入	研发经费投入强度
	科技活动经费投入强度
人员投入	研发人员投入强度
	科技活动人员投入比重
	硕士、博士人员投入比例
产品创新产出	发明专利比重
	新产品销售收入比重
	新产品出口能力
	新产品劳动生产率

（18）黄鲁成等（2016）提出了“3 领域－7 维度 21 指标”的高端制造业创新指数指标体系框架，包括创新资源、创新绩效、创新持续，创新投入、信息化水平、创新产出、质量效益、绿色制造、创新主体和持续主体 7 个维度以及下设的 21 个评价指标，见表 2－18。其中，创新资源指标主要反映高端制造业创新活动的投入力度以及创新依赖的基础设施投入水平。创新绩效指标是反映创新中间产出结果以及创新对经济社会发展的影响。创新持续指标通过企业创新主体中关键部门的建设情况以及合作情况来反映制造业高端化发展能力和长期发展潜力。

表 2－18　黄鲁成等（2016）：高端制造业创新指数指标体系

领域	评价指标	选取维度
创新资源	R&D 经费占主营业务收入比重	创新投入
	R&D 人员占从业人员比重	
	单位新产品开发项目经费投入	
	企业宽带普及率	信息化水平
	关键工序数控化率	
	数字化研发设计工具普及率	

续表

领域	评价指标	选取维度
创新绩效	企业每万人有效发明专利拥有数	创新产出
	新产品销售收入占主营业务收入比重	
	高端制造业增加值占制造业增加值比重	
	高端制造业增加值率	质量效益
	高端制造业出口额占制造业出口额比重	
	高端制造业全员劳动生产率	
	单位工业增加值能耗	绿色创造
	单位工业增加值水耗	
	单位工业增加值二氧化碳排放量	
创新持续	有研发机构的企业所占比重	创新主体
	企业研发机构人员占从业人员比重	
	企业研发机构经费占主营业务收入比重	
	政府投入资金	政策环境
	政府激励政策数量	
	科技企业孵化器数量	

（19）李小玉和李华旭（2017）建立了以创新投入能力、协同创新能力、创新产出能力、投入保障能力为核心的由4个一级指标、14个二级指标组成的制造业创新能力评价指标体系，见表2－19，以长江中游城市群所在的四省2009～2014年相关统计数据为基础，运用主成分分析方法，对其制造业创新能力指数进行评价和排序。研究结果表明，长江中游四省制造业创新能力随着时间推移而呈现出总体稳步提高的趋势和空间结构区域差异日趋明显的特征。长江中游四省应建立制造业协同创新的制度保障机制、利益共享和风险共担机制、高效的协同创新平台以及共享的创新资源库，以提升城市群制造业创新能力，促进四省合作发展。

表 2－19　李小玉和李华旭（2017）：长江中游四省制造业创新能力评价指标体系

维度	评价指标
创新投入能力	R&D 人员投入
	R&D 经费投入
	有 R&D 活动的企业占比
协同创新能力	技术引进强度
	技术吸收转化能力
	技术改造能力
	产学研合作水平
创新产出能力	新产品销售能力
	新产品出口能力
	专利申请数
	有效发明专利数
支撑保障能力	来自政府资金的 R&D 经费占比
	企业办研发机构
	政府科技活动资金使用情况

创新投入能力反映的是长江四省从事制造业的企业开展创新活动的意愿和投入力度。创新投入是长江中游城市群整个制造业创新链的起点，只有对制造业创新投入才谈得上创新的产出效应和扩散效应。协同创新能力主要是指长江中游四省的各个省域内制造业企业在开展创新活动过程中充分利用外部创新资源和开展产学研合作方面所表现的能力。创新产出能力主要是指长江中游四省在创新活动中将直接创新收益以及创新研发的新技术新产品投向生产领域等所取得的经济效益，也是企业创新价值的实现能力和创新在推动经济发展方式的转变能力。创新产出一方面可以表现为经济产出，另一方面可以表现为知识产出。创新保障能力主要是指在制造业企业自主创新活动中，企业是创新活动的主体，政府是推动创新活动的重要保障。

（20）何宁和夏友富（2018）提出基于产业公地的集群式升级路径，构建包括技术创新、资产结构、人才结构、产出结构、绿色发展、两化融合发展等 6 项准则层指标及 20 项方案层子指标的产业升级评价指标体系，见表 2－20，并借助层次分析法等方法得出指标权重，最后从产业政策、军民融合、信息化与工业化融合以及全球价值链嵌入等方面提出对策建议。

表 2－20　何宁和夏友富（2018）：装备制造业产业升级评价指标体系

维度	评价指标
技术创新	研发投入强度
	发明专利申请占全部专利申请比例
	装备制造业深加工程度
	科技成果转化引用率
资产结构	高技术装备制造业新增固定资产占比
	军工企业资产证券化率
	社会投资占军工能力建设投资比例
人才结构	装备制造业科学家与工程师人数占比
	劳动力平均受教育年限
	本土装备制造企业从业人员占比
产出结构	高端装备制造业产值比重
	装备制造业新产品产值占总产值比重
	本土装备制造业出口比重
	装备制造业总资产贡献率
绿色发展	单位工业增加值能耗
	工业固体废物综合利用率
	二氧化碳排放量下降率
两化融合发展	数字化研发设计工具普及率
	关键工序数控化率
	企业资源计划系统普及率

（21）张辽和王俊杰（2018）构建制造业两化融合指标体系，见表 2－21，综合运用因子分析、DEA-Bootstrap 和协调发展模型的方法，对中国制造业 2006～2015 年两化融合水平进行多个角度的测度。研究发现，制造业两化融

合水平不仅总体呈现了东部高，中、西部低的静态梯状分布特征，而且东、中、西三大区域内部的时空分异特征十分明显。此外，中、西部地区间的制造业两化融合水平并不存在绝对收敛态势，但是不同区域最终会以不同的收敛速度趋于各自的稳态水平。

表 2 – 21　　张辽和王俊杰（2018）：制造业两化融合指标体系

维度	评价指标
工业信息化水平	制造业技术研发投入
	制造业信息化服务体系建设水平
	制造业信息主体素质
	工业企业信息化财务绩效
	工业企业信息化环境绩效
	生产成本下降率
信息工业化水平	信息产业投入规模
	信息产业政府支持力度
	信息化人才储备
	信息化工具拥有量
	网络建设状况
	制造业信息化财务绩效
	信息化产业发展规模
	信息化技术应用程度

（22）何星蓉（2018）设计了基于创新协同的产学研环境、产学研投入、产学研产出、产学研成效 4 个模块 16 个指标构成的高端装备制造业产学研协同创新能力评价指标体系并对我国高端装备制造业产学研创新能力进行实证研究（见表 2 – 22），有针对性地提出协同发展高端装备制造业产学研创新能力需要健全产学研创新环境、加强产学研的创新投入、注重产学研创新产出、提升产学研创新成效的对策建议。

表 2－22　何星蓉（2018）：高端装备制造业产学研协同创新能力评价指标体系

维度	评价指标
产学研环境	经济活动人口中大专及以上学历人数
	信息化指数
	科技拨款占财政拨款的比重
	享受加计扣除减免税企业所占比重
产学研投入	每万人 R&D 人员全时当量
	R&D 经费占 GDP 比重
	有研发机构的企业所占比重
	开展产学研合作的企业所占比重
产学研产出	每万人科技论文数
	每万名 R&D 人员专利授权数
	发明专利授权数占专利授权数的比重
	每万名科技活动人员技术市场成交额
产学研成效	新产品销售收入占主营业务收入的比重
	高端装备产品出口额占货物出口额的比重
	高端装备劳动生产率
	高端装备科技进步贡献率

（二）制造业竞争力

（1）周志春（2009）从产业经济实力、产业经济效益、产业创新能力、产业持续能力 4 个方面，利用主成分分析法测算我国 30 个省份的制造业竞争力水平，构建了装备制造业竞争力评价指标体系，见表 2－23。研究发现装备制造产业优势行业集聚在东部，东北、中部地区具有一定的发展潜力。

表 2－23　　周志春（2009）：装备制造业竞争力评价指标体系

维度	评价指标
产业经济实力	工业总产值
	工业增加值
	人均总产值
	固定资产总额
	出口交货值
产业经济效益	销售收入
	利润总额
	市场占有率
产业创新能力	R&D 投入比重
产业持续能力	能源消耗强度

（2）崔艳娟等（2009）从核心竞争力、价值竞争力和开放竞争力三个维度建立包括 34 个指标的装备制造业产业竞争力评价指标体系，见表 2－24。

表 2－24　　崔艳娟等（2009）：装备制造业产业竞争力评价指标体系

维度	评价指标
核心竞争力	固定资产原值
	固定资产净值
	职工装备水平
	资本规模
	产业总产值
	劳动生产率
	总产值增加率
	成本费用利润率
	产品产值比率
	技术人员比率
	固定资产新度
	技术经费投入

续表

维度	评价指标
价值竞争力	绝对市场占有率
	相对市场占有率
	产业平均规模
	工业销售利润率
	产业资金效益水平
	流动货产周转次数
	总资产贡献率
	政策、法制等软环境
	金融体系支持
	基础设施建设
	地理环境
	国民素质
	自然资源
	企业对环保投资
	三废处理达标率
开放竞争力	集群化程度
	专业化程度
	产业外向度
	贸易竞争力指数
	显示性比较优势指数
	高技术产品出口率
	FDI 投入水平

（3）姚晓芳等（2010）构建了装备制造业的竞争力评价指标体系，见表2－25，采用主成分分析法对合肥市装备制造业竞争力进行了评价，并提出了有针对性的对策建议。

表 2－25　　姚晓芳等（2010）：装备制造业竞争力评价指标体系

维度	评价指标
产业规模竞争力	企业单位数
	工业总产值
	工业增加值
	资产总额
产业经济效益竞争力	工业增加值率
	全员劳动生产率
	经济外向度
	销售收入利润率
	总资产增加值率
产业发展潜力	劳动力成本
	R&D 经费投入强度
	R&D 人员强度

（4）崔艳娟（2010）设计了基于因子分析的辽宁装备制造业产业竞争力评价指标体系，见表 2－26。

表 2－26　　崔艳娟（2010）：辽宁装备制造业产业竞争力评价指标体系

维度	评价指标
资本竞争力	固定资产净值年均余额
规模竞争力	全部从业人员年均数
	企业单位数
效益竞争力	利润总额
市场开拓竞争力	工业总产值
外向发展竞争力	外商资本
	出口交货值

（5）乔均和彭纪生（2010）依据品牌理论与核心竞争力理论构建并论证新

的整合性框架，见表2－27，并从本地家电制造业现状出发，推演出品牌核心竞争力的六维度评价模型。通过模糊综合评价法对三家企业以及4个家电品牌进行分析比较，排出消费者最为关注的指标维度及其品牌竞争力综合分值。

表2－27　乔均和彭纪生（2010）：制造业品牌核心竞争力评价指标体系

维度	评价指标
企业制造能力	企业年营业收入
	企业生产设备的先进性
	企业生产线的数量
企业研发能力	企业科技研究人员数
	企业 R&D 费用支出
	企业专有技术与专利数
企业营销能力	企业营销人员数占职工数比重
	企业销售费用占销售收入比重
	企业销售收入占总产值比重
企业职工能力	企业职工学历程度
	企业教育经费的投入
	企业总产值与员工数量的比重
	高管人员学历程度
企业管理能力	企业平均利润增长率
	企业管理咨询费用
	企业每股收益率
	企业股票市值
企业消费者品牌态度	企业品牌知名度
	企业品牌的知晓程度
	企业品牌忠诚度
	企业品牌满意度
	企业品牌联想度
	企业品牌感知质量

（6）张约翰和张平宇（2011）采用偏离份额法，从产业规模与结构、经济效益、市场绩效、发展动力和技术创新5个方面构建了东北装备制造业竞争力指数，见表2－28。国家进一步推进老工业基地振兴及加快东北装备制造业振兴规划实施，东北地区面临重大发展机遇。作为中国装备制造产业的发源地和产业集聚区，其发展水平和竞争力的高低对振兴中国装备制造业产生重要影响。因此，对东北振兴前后装备制造业竞争力发展现状和内部结构变化进行研究十分重要；而将偏离份额和指标评价法结合，将特定产业部门竞争力与所处地区产业综合竞争力评价相结合，从而对二者之间相互关系和作用机制进行比较研究的重要性也日益突出。

表2－28　张约翰和张平宇（2011）：东北装备制造业竞争力评价指标体系

维度	评价指标
产业规模与结构	支柱行业工业增加值
	行业固定资产规模和投入
	交通、通用、专用设备制造业占装备制造业比重
经济效益	行业销售利润占产品实际销售收入比重
	行业销售利润占固定资产投资比重
	实际从业人员劳动生产对行业产值增长贡献率
市场绩效	行业产品销售收入占同类产品市场销售收入比重
发展动力	行业新增投资总额
	行业利润增长率
技术创新	重点行业R&D项目支出占新产品销售收入比重
	重点行业R&D项目科学家和工程师占企业员工总人数比重
	重点行业内新产品销售收入占全部销售收入比重

（7）江心英和周媛媛（2012）从经济、社会和环境三个层面构建了基于循环经济背景下的制造业企业竞争力评价指标体系，见表2－29。

表 2－29　江心英和周媛媛（2012）：制造业企业竞争力评价指标体系

维度	评价指标
经济效益	销售收入增长率
	销售净利润率
	总资产利润率
	全员劳动生产率
	资产负债率
	流动比例
	速动比例
	存货周转率
	应收账款周转率
	流动资产周转率
	总资产周转率
	市场占有率
	产销率
	客户满意度
	绿色产品比例
资源环境效益	科技人员比重
	科技经费支出比例
	高新技术产业增加值比重
	社会支持度
	品牌信任度
	信息技术投入增长率
	信息开发费用比率
	万元产值废水排放量
	万元产值废气排放量
	万元产值固体废弃物排放量
	万元产值废水排放减少率

续表

维度	评价指标
资源环境效益	万元产值能源消耗降低率
	万元产值固体废弃物产生降低率
	万元产值废气排放降低率
	重复用水率
	能源利用率
	固体废弃物综合利用率
	“三废”综合利用贡献率
	废水（气）排放达标率
	空气质量
	企业绿化率
	环境噪声达标率
	环境保护投资占企业产值比率
社会发展效益	工伤频率
	工人工资增长率
	职工社会保障程度
	资金纳税率
	社会贡献率
	社会公益支出比重

（8）袁红英（2012）参照通用的指标口径，充分考虑指标的代表性、数据的可获取性及计算上的可操作性，构建山东制造业国际竞争力评价指标体系，见表2－30。研究发现山东省玻璃及其制品业、陶瓷制品业、家具制造业、纺织工业在国际上具有较强的规模竞争力；钢铁工业、电子信息产业、汽车工业、药品制造业、造纸业具有一定的国际竞争力；化学工业、船舶工业、医用仪器及用具产业的国际竞争力较弱。

表 2-30　　袁红英（2012）：山东制造业国际竞争力评价指标体系

目标层	评价指标
制造业国际竞争力	国际市场占有率
	贸易竞争指数
	显示性比较优势指标
	显示性竞争优势指数

（9）颜毓洁和吴念（2013）根据装备制造业竞争力的内涵，从规模竞争力、营运能力、偿债能力、市场竞争力、创新能力5个方面构建装备制造业竞争力评价指标体系，见表2-31。用因子分析法对我国30个省进行定量分析和实证研究，得出西部地区装备制造业竞争力在全国所处的水平及其发展潜力。

表 2-31　　颜毓洁和吴念（2013）：装备制造业竞争力评价指标体系

维度	评价指标
规模竞争力	企业单位数
	工业总产值
	资产总计
	企业从业人员年平均人数
营运能力	总资产贡献率
	流动资产周转次数
	销售利润率
偿债能力	资产负债率
	流动比率
市场竞争力	产品销售率
	市场占有率
	工业销售值
	出口交货值

续表

维度	评价指标
创新能力	R&D 经费支出
	固定资产新度系数
	有效发明专利数
	新产品产值率

（10）齐阳和王英文（2014）采用因子分析法，从生产要素、需求条件、市场结构和政府4个方面，利用因子分析法对全国多个省份进行实证分析，构建了装备制造业产业竞争力评价指标体系，见表2－32。研究发现，按照中国装备制造业产业竞争力，将空间布局内的五大区域进行划分：珠三角地区>长三角地区>环渤海地区>东北地区>中西部地区，并提出提升各个区域装备制造业产业竞争力的对策。

表2－32　齐阳和王英（2014）：装备制造业产业竞争力评价指标体系

维度	评价指标
生产要素	企业单位数
	工业总产值
	资产总计
	全部从业人员年平均人数
需求条件	工业销售产值
	出口交货值
市场结构	市场占有率
政府	应交增值税
	利税总额

（11）王素君和马银戌（2014）构建河北省装备制造业集群竞争力指标体系（见表2－33），应用因子分析展开实证研究。研究表明河北省装备制造业产业集群已显雏形，但在全国还不具备区位优势。集群竞争力不仅体现在

规模优势上，而且受到科技创新和经济效益的重要影响。迅速提高装备制造业集群竞争力，是构建河北省现代产业体系，实现经济文明和生态文明共同繁荣的必经之路。

表 2－33　王素君和马银戌（2014）：河北省装备制造业集群竞争力指标体系

维度	评价指标
规模因素	企业单位数
	从业人员
	工业总产值
	资产总额
	固定资产投资
	所有者权益
	主营业务收入
效益因素	利润总额
	总资产贡献率
	流动资产周转次数
	工业成本费用利润率
	产品销售率
科技因素	R&D 人员全时当量
	R&D 经费
	R&D 项目数

（12）张华明等（2016）基于波特的“钻石模型”和产业阶段竞争力理论，构建中国装备制造业竞争力评价指标体系，见表 2－34。结合 2005 年、2009 年和 2014 年中国 30 个省的相关数据，运用主成分分析法和多元回归法对中国装备制造业阶段竞争力进行实证研究。研究发现：该产业仍处于初级生产要素大规模扩张、高级生产要素不断积累的产业积累成长阶段，高级生产要素缺失及自主创新能力薄弱是阻碍其提升的主要因素。

表2－34　　张华明等（2016）：装备制造业竞争力评价指标体系

维度	评价指标
初级生产要素	固定资产总额
	从业人员数量
高级生产要素	R&D 机构数量
	R&D 人员数量
	R&D 经费支出
	营业利润率
	万人工业总产值
国内外需求条件	工业销售产值
	出口交货值
	主营业务收入
	利润总额

（13）李琳和王足（2017）构建了区域制造业绿色竞争力评价指标体系，见表2－35，采用基于遗传算法的投影寻踪模型对我国31个省区市2000～2014年的制造业绿色竞争力进行了评价和动态比较。结果表明，我国31个省区市15年间制造业绿色竞争力有所提升，绿色创新驱动力不足是整体得分仍然较低的主要原因。东部发达省市的产业转移使得制造业绿色竞争力分布呈现出新的格局。中部制造业绿色竞争力增长势头强劲，进一步提升的短板是绿色环境支撑力。西部成渝经济圈制造业绿色竞争力发展态势良好，但西部整体仍然较为滞后的原因是绿色创新驱动力薄弱。东北地区在三大构成要素上均有不足，制造业绿色竞争力增速缓慢，陷入经济困局。

表2－35　　李琳和王足（2017）：区域制造业绿色竞争力评价体系

维度	评价指标
绿色发展表现力	人均制造业增加值
	制造业区位熵
	区域制造业资产占全国制造业资产比重

续表

维度	评价指标
绿色发展表现力	制造业市场占有率
	单位制造业增加值能耗
	制造业产品销售收入增长率
	制造业营业利润增长率
	制造业市场优化指数
	制造业固定资产新度系数
绿色发展驱动力	高技术制造业就业人数占制造业就业人数比重
	高技术制造业投资额占社会投资总额比重
	高技术制造业从业人员人均产值
	高技术制造业主营业务收入增长率
	制造业 R&D 经费占制造业主营业务收入比重
	制造业科技人员占全部工业科技人员比重
	人均科技经费支出
	每万人科技活动人员数
	大专及以上学历人数占比
绿色发展支撑力	万元制造业增加值 SO_2 排放量
	万元制造业增加值烟尘排放量
	万元制造业增加值污水排放量
	环境保护支出占财政支出的比重
	工业污染治理投资总额占工业生产总值比重
	城市人均绿地面积
	互联网普及率
	移动电话普及率
	人均光缆线路长度

（14）苏红键等（2017）构建了包含结构－行为－绩效三个维度的地区制造业竞争力评价体系（见表2－36），利用因子分析法对中国地区制造业竞争力进行评价。根据评价结果分为五类地区，其中，上海、北京、天津三个

直辖市是制造业竞争力最强的地区，宁夏、云南、新疆、甘肃、青海、西藏等西部地区制造业竞争力最低。影响竞争力的主要因素是开放发展、创新发展、绿色发展等行为指标。

表2－36　　苏红键等（2017）：制造业竞争力评价指标体系

维度	评价指标
绩效	市场份额
	增加值比重
	产值增长趋势
	增加值增长趋势
	城镇单位就业劳动生产率
	城镇私营单位就业劳动生产率
行为	出口比重
	港澳台商与外商投资企业比重
	港澳台商与外商投资企业产值比重
	R&D 人员全时当量比重
	R&D 经费比重
	单位工业增加值废水排放
	单位工业增加值废气排放
结构	相对专业化
	绝对多样化
	相关多样化
	私营与国有企业产值比重

（15）郑学党（2017）从价值创造、价值实现和价值分配三个层面构建了制造业价值竞争力评价体系（见表2－37），并基于2009～2014年相关平均数据，对中国七大区域的制造业价值竞争力水平进行了测度和比较分析。研究结果表明，中国制造业价值竞争力总体水平偏低，价值创造对价值竞争力贡献较高，价值实现和价值分配则相对较低。华东和华中地区制造业价值竞争力最强，华南、华北和东北地区次之，西南和西北地区最弱。从制造业

价值竞争力类型看，东北和西北地区属于价值创造型，西南、华北、华中和华东地区属于价值创造和价值分配型，华南地区属于价值实现和价值分配型，各区域内部省区市间制造业价值竞争力差异十分明显。要实现制造强国战略目标，价值竞争力提升是关键。

表 2－37　　郑学党（2017）：制造业价值竞争力评价指标体系

维度	评价指标
价值创造	全员劳动生产率
	劳动力要素贡献度
	资本要素贡献度
价值实现	显示性比较优势
	市场占有率
	贸易竞争力
价值分配	出口相对价格
	制造业增加值率
	高技术产品出口比重

（16）周五七（2018）基于长三角 15 个核心城市 2006～2014 年的面板数据，利用全局主成分分析法对长三角城市制造业竞争力进行了动态比较研究，见表 2－38。实证研究结果表明，长三角城市制造业综合竞争力整体上呈现出先下降后提升的“U”形变化趋势，各城市制造业综合竞争力的排序比较稳定，不同城市之间的制造业竞争力存在差距，但城市之间制造业竞争力差距表现出收敛性特征。运用层次聚类分析法，从资源竞争力、技术竞争力和发展潜力等 3 个方面，分析不同城市制造业综合竞争力差异的来源，剖析了不同类型城市制造业竞争力提升的路径与政策建议。

表 2－38　　周五七（2018）：制造业竞争力评价指标体系

评价指标
制造业总产值

续表

评价指标
从业人数
固定资产
外商投资水平
企业平均规模
非公企业比重
工业 SO_2 去除率
技术创新活力
资本深化度

（三）制造业可持续发展能力

（1）杨义蛟等（2009）构造出综合评价指标体系（见表 2－39），运用模糊综合评判理论和层次分析法建立了指标权重分布和判断矩阵，对综合评价结果进行了应用分析。

表 2－39　杨义蛟等（2009）：装备制造业可持续发展评价指标体系

维度	评价指标
经济效益	资本收益率
	劳动生产率
	企业利润增长率
	职工人均收入
	产品合格率
资源节约	万元产值一次能源消耗量
	万元产值水资源消耗量
	万元产值钢材消耗量
	万元产值水泥消耗量
	万元产值有色金属消耗量

续表

维度	评价指标
资源节约	万元产值土地占有量
	人均地区生产总值
	工业经济效益综合指数
	清洁能源使用率
	原材料中再生资源比例
	再制造零部件比例
	水资源循环利用率
	工业固体废弃物综合利用率
	产品回收率
	R&D 经费占地区生产总值比重
	高新技术产品比重
	更新改造投资额占地区生产总值比重
	科技对地区生产总值贡献率
环境友好	单位地区生产总值废水排放量
	单位地区生产总值废气排放量
	单位地区生产总值固体废弃物排放量
	单位地区生产总值有毒害原材料使用比例
	单位地区生产总值有毒害废弃物排放量
	声污染强度
	环境污染治理投资占地区生产总值比重
	工业废水排放达标率
	工业废水处理率
	工业废气处理率
	工业固体废弃物处置率
	有毒害废弃物处理率
	是否通过 ISO14000 认证
	环境影响评价制度执行率

续表

维度	评价指标
环境友好	环境科技工作人员比例
	环境科研投入经费占总资本投入比重
	环保产品产值占地区生产总值比重

（2）赵丽等（2009）设计出由20个指标构成的包括经济可持续、人口可持续、资源可持续、环境可持续和成长可持续五大方面的评价指标体系，见表2－40，并选取2004年中国制造业数据，对30个省份和地区进行评价，运用模糊隶属度综合评定和层次分析法得出了各省份在五大方面的可持续指数和区域制造业可持续发展能力综合指数。研究表明，制造业可持续发展能力最好的第一层次均为东部沿海省份；第二层次多数区域为东部沿海省份，少部分为中部省份；第三层次可持续发展能力较弱的中西部省份各占一半的比重；而可持续发展能力最差的第四层次几乎全部为西部地区。从该分布特征也可以看出，区域制造业的可持续发展水平从沿海向内陆逐渐降低，从制造业大省向制造业弱省逐渐降低。地理上的分布特点充分体现了东、中、西三大区域可持续能力由强到弱的态势。

表2－40　赵丽等（2009）：区域制造业可持续发展能力评价指标体系

维度	评价指标
经济可持续发展能力	制造业增加值
	制造业产值占本省地区生产总值比重
	区域制造业市场占有率
人口可持续发展能力	制造业人数占本省人数比重
	制造业科技人员数量
	制造业劳动人口平均年收入
	每万人大专以上学生数

续表

维度	评价指标
环境可持续发展能力	制造业废水排放达标率
	单位制造业总产值废水排放量
	制造业废气二氧化硫去除率
	单位制造业总产值废气排放量
	制造业固体废弃物综合利用率
	单位制造业产值废物排放量
	污染源治理费用投资占产值比
资源可持续发展能力	制造业能源消耗总量
	制造业单位地区生产总值能耗
成长可持续发展能力	制造业固定资产新度系数
	制造业全员劳动生产率
	工业经济效益指数
	区域制造业外向度

（3）周勇和吴海珍（2017）构建了基于上熵值法的陕西省装备制造业可持续成长性评价指标体系，见表 2－41。其中，产业关联通常用影响力系数和感应度系数来衡量，影响力系数是指某一产业的最终需求增加时对国民经济其他部门的影响带动作用，感应度系数表示国民经济各部门产出对某部门的需求程度。影响力系数大，说明某产业对相关产业成长、国民经济发展有较大的带动作用，因此政府部门往往重视这些部门的发展，以免影响产业的整体发展及经济增长；感应度系数大，是指需要该产业为其他产业生产而提供的产出较大，属于重要的基础性产业，应当优先发展。因此，产业关联性也是评价产业持续成长性的一个重要基准。

表 2－41　周勇和吴海珍（2017）：陕西省装备制造业可持续成长性评价指标体系

维度	评价指标
产业增长	产值增长率
	利润增长率

续表

维度	评价指标
产业效率	资本收益率
	劳动生产率
产业关联	影响力系数
	感应度系数
产业技术创新	劳动力生产率上升率
	产业技术进步率
	产业技术进步贡献率

(四) 新型制造业发展能力

(1) 周彩红和樊丽君（2016）从经济、科技、能源三维角度，对2000～2012年中、美、日、德、韩、英六国制造业新型化程度进行综合评价（见表2－42），并在此基础上运用GM（1，1）模型预测并比较分析了到2020年六国的制造业新型化发展趋势。研究结果表明：中国制造业新型化程度将进一步提升，逐渐缩小与美国的差距，或在2016年超越美国，但经济、科技、能源三方面发展水平差异较大。其中，经济创造是制造业发展的优势所在，未来仍将保持高速上升态势；科技创新能力也有较大幅度提升，预计到2020年与美国水平相当；能源集约是制造业新型化发展的短板，位于六国底端，与其他五国差距甚大。

表2－42　周彩红和樊丽君（2016）：装备制造业新型化程度评价指标体系

维度	评价指标
经济	制造业增加值
	制造业增加值占GDP比重
	劳动生产率
	制造业就业人数占比
	国际市场占有率

续表

维度	评价指标
科技	R&D 支出
	R&D 投入强度
	专利授权数
能源	能源消耗总量
	能耗强度
	煤炭消耗占比
	电力消耗占比
	CO_2 排放量

（2）陈涛和郑伟（2010）基于新型制造业理念，从经济创造能力、科技创新能力、环境资源保护能力三个维度构建江苏区域新型制造业评价指标体系，见表2－43；通过经济指标反映制造业对国民经济当前的贡献，通过科技指标反映制造业的创新发展能力，通过环境资源指标反映制造业发展中的环境承载能力与可持续发展水平。

表2－43　　陈涛和郑伟（2010）：江苏区域新型制造业评价指标体系

维度	评价指标
经济创造能力	制造业总产值
	制造业总产值占工业总产值的比重
	制造业增加值
	制造业增加值占地区生产总值比重
	制造业就业人数占全部就业人数比重
	资产贡献率
	制造业市场占有率
	制造业劳动生产率
	制造业企业生产率

续表

维度	评价指标
科技创新能力	制造业 R&D 投入强度
	R&D 经费占销售收入比例
	科技活动人员占从业人员比重
	R&D 人员占科技活动人员比重
	每十万人专利申请数
	每十万人专利授权数
	发明专利占专利授权数比重
	高新技术产品销售收入
	科技创新贡献率
环境资源保护能力	工业废水排放达标量
	工业废水排放达标率
	工业二氧化硫去除量
	工业烟尘去除量
	工业固体废物综合利用率
	“三废”综合利用产品产值
	单位增加值能耗
	资源综合利用指数

（3）杜琦等（2010）建立了副省级城市先进制造业发展水平的评价体系，见表 2 –44，选取 7 个副省级城市（基于数据的可获得性）并以西安作为实证，进行了横向的比较，并结合西安先进制造业发展现状，探寻西安先进制造业发展中不足之处，提出了建立城市创新体系、建立高效无缝供应链、引入多元化的投资主体、与服务业互动发展、探索低碳发展模式等思路。

表 2 - 44　　杜琦等（2010）：先进制造业发展水平的评价体系

维度	评价指标
企业技术创新水平	规模以上企业科技人员增速
	规模以上企业发明专利申请占专利申请量比重
	企业研究与试验发展经费投入强度
	新产品产值占同口径工业总产值的比重
企业获利水平	制造业法人单位占工业比重
	制造业规模以上企业利润总额
	制造业主营业务收入
公共环境	高校数量
	每百人公共图书馆藏书量
可持续发展能力	单位地区生产总值能耗
	城市环境空气质量达标天数

（4）郭巍等（2011）基于先进制造技术、先进制造管理、先进制造模式、经济效益和社会效益这 5 个方面设计先进制造业评价指标体系，见表 2 - 45。

表 2 - 45　　郭巍等（2011）：先进制造业评价指标体系

维度	评价指标
制造技术	新产品产值
	新产品产值占工业总产值比重
	科研经费占主营业务收入比重
	行业企业科研活动项目
	科研活动中企业自筹经费比重
制造管理	流动资产周转率
	成本费用利润率
	产权比率
	资产负债率
	总资产贡献率

续表

维度	评价指标
制造模式	工业废水排放达标率
	工业废气排放达标率
	工业固体废弃物处理达标率
	产值能耗
	综合能源消费量
经济效益	全员劳动生产率
	资本保值增值率
	工业增加值率
	利润总额
	主营业务利润增长率
社会效益	利税总额
	年末从业人员数
	行业职工平均工资
	科技活动人员占从业人员比重
	科研活动中高学历人才比重

（5）胡蝶和张向前（2011）从经济创造能力、科技创新能力、环境资源保护能力三方面来评价海峡西岸经济区先进制造业总体现状，见表2－46。

表2－46　胡蝶和张向前（2011）：海峡西岸经济区先进制造业发展评价指标体系

维度	评价指标
经济创造能力	总产值
	总产值占全国比重
	总产值占工业总产值的比重
	增加值
	增加值占地区生产总值的比重

续表

维度	评价指标
经济创造能力	单位产值
	在岗职工人均产值
	在岗职工人数占在岗数比重
	企业利润总额
	企业利税总额
科技创新能力	R&D 经费支出
	R&D 经费支出占全国比重
	R&D 人员全时当量
	R&D 人员全时当量占全国比重
	R&D 投入强度
	科技活动项目数占全国比重
	新产品开发项目数
	企业新产品开发经费
	专利拥有数
	新产品产值
	新产品产值率
	技术创新投入产出系数
	技术转移效率指数
资源保护能力	原煤消耗量
	产值煤炭消耗量
	电力消耗量
	单位产值能耗消耗量
	工业废水排放量
	工业废水排放达标量
	单位产值污染排放值（废水）排放量
	工业粉尘排放量
	工业粉尘去除量

续表

维度	评价指标
资源保护能力	固体废物排放量
	工业固体废物处置量
	单位产值污染排放值（固体废物）排放量
	三废综合利用产品产值

（6）席枫和李家祥（2016）按照“中国制造2025”的总体要求，基于天津市就建设全国先进制造研发基地的系列部署，充分考虑基地指标体系设立的功能要求及其原则，从全国先进制造研发基地的规模增长、产业结构、创新能力、质量效益、智能制造、绿色发展6个维度，设置了一个由6个一级指标、19个二级子指标构成的全国先进制造研发基地建设的综合评价指标体系，见表2－47。

表2－47　　席枫和李家祥（2016）：全国先进制造研发基地建设的评价指标体系

维度	评价指标
规模增长	工业总产值
	工业总产值增加率
产业结构	先进制造业占制造业比重
	千亿集团个数
	百亿企业个数
创新能力	规模以上制造业研发经费内部支出占主营业务收入比重
	规模以上制造业每亿元主营业务收入有效发明专利数
	引进技术消化吸收再创新率
质量效益	制造业质量竞争力指数
	制造业增加值率提高幅度
	制造业全员劳动生产率增速
	制造业贸易竞争力指数

续表

维度	评价指标
智能制造	宽带普及率
	智能园区和智能工厂
	关键工序数控化率
绿色发展	规模以上单位工业增加值能耗下降幅度
	单位工业增加值二氧化碳排放量下降幅度
	单位工业增加值用水量下降幅度
	工业固体废物综合利用率

（7）张晓芹和王宇（2018）选取佛山、东莞、无锡和宁波等4个制造业发达城市，从经济效益、科技创新能力、能源节约能力、环境保护能力和社会服务能力5个层面建立新型制造业综合评价指标体系（见表2－48），运用离差最大化的组合评价方法，对评价指标数据进行分析。结果表明，无锡制造业经济效益水平最高，宁波制造业科技创新能力最强，佛山制造业能源节约能力最强，佛山制造业环境保护能力优势显著，佛山制造业社会服务能力最强，无锡制造业整体“新型化”程度最高。

表2－48　张晓芹和王宇（2018）：新型制造业综合评价指标体系

维度	评价指标
经济效益	制造业总产值/工业总产值
	制造业利润总额/制造业就业人员数
	制造业总产值/制造业就业人员数
	制造业产品销售收入/制造业总产值
科技创新能力	制造业R&D经费内部支出/制造业主营业务收入
	所有制造业R&D人员全时当量的和
	制造业R&D人员/制造业就业人员人数
	制造业新产品开发经费/制造业新产品销售收入
	制造业有效发明专利数/制造业主营业务收入

续表

维度	评价指标
科技创新能力	制造业新产品产值/制造业总产值
	制造业新产品产值/制造业新产品开发经费
	制造业新产品销售收入/制造业销售收入
能源节约能力	制造业能源消耗量/制造业总产值
	1 -（当期单位工业增加值能耗/上期单位工业增加值能耗）
	制造业煤炭消耗量/制造业能源消耗量
	制造业电力消耗量/制造业总产值
环境保护能力	制造业废水排放量/制造业总产值
	制造业废气排放量/制造业总产值
	制造业固体废物综合利用量/制造业固体废物产生量
社会服务能力	制造业就业人员人数/总就业人数
	制造业企业利税总额/制造业就业人员人数

（8）张晓芹和王宇（2018）构建基于“中国制造 2025”的新型制造业评价指标体系（见表 2 -49），共有 5 个一级指标、18 个二级指标以及 29 个三级指标。其中，一级指标包括经济效益、科技创新能力、能源节约能力、环境保护能力和社会服务能力等。利用熵值法评价佛山市 2011 ~2015 年新型制造业水平，发现佛山市制造业的经济效益、科技创新能力、能源节约能力、环境保护能力以及社会服务能力都在不断提升，整体发展态势向好。

表 2 -49　张晓芹和王宇（2018）：新型制造业评价指标体系

一级指标	二级指标	三级指标
经济效益	产值	制造业总产值占工业总产值比重
		制造业增加值率
	利润	制造业就业人员人均利润率
	效率	制造业全员劳动生产率
		制造业全员劳动生产率增速

续表

一级指标	二级指标	三级指标
经济效益	市场	制造业产品销售率
	结构	高技术制造业增加值占规模以上工业比重
		高技术制造业增加值增长幅度
		先进制造业增加值占规模以上工业比重
		先进制造业增加值增长幅度
科技创新能力	R&D	制造业研发经费内部支出占主营业务收入比重
		制造业 R&D 人员全时当量
		制造业 R&D 人员占制造业就业人员人数比重
		制造业新产品开发经费占比
	产品开发	制造业每亿元主营业务收入有效发明专利数
	技术转化	制造业新产品产值率
		制造业技术创新投入产出系数
		制造业新产品销售收入占比
能源节约能力	能源消耗	制造业单位产值能源消耗量
		规模以上单位工业增加值能耗下降幅度
	煤炭消耗	制造业煤炭消耗占比
	电力消耗	制造业单位产值电力消耗量
	用水	单位工业增加值用水量下降幅度
环境保护能力	废水	制造业单位产值废水排放量
	废气	制造业单位产值废气排放量
	固体废物	制造业固体废物综合利用率
社会服务能力	就业	制造业就业人员人数占总就业人数比重
	收入	制造业在岗职工年均收入
	税收	制造业就业人员人均利税

（五）制造业综合能力

（1）郑伟和张昕（2009）基于新型制造业的概念，以大量统计数据为基础，建立了中国制造业强市评价指标体系（见表2－50），应用主成分分析方法分别对我国31个城市制造业的经济创造能力、科技创新能力、资源环境保护能力进行了评价以及强市综合排名，并对我国主要城市制造业发展特征和模式进行了归纳。

表2－50　郑伟和张昕（2009）：制造业强市评价指标体系

维度	评价指标
经济创造能力	制造业增加值
	制造业增加值占地区生产总值的比重
	制造业就业人数占全部就业人数的比重
	全员劳动生产率
	资产贡献率
	市场占有率
科技创新能力	制造业 R&D 投入强度
	R&D 人员全时当量
	制造业专利拥有量
	人均专利拥有量
	制造业新产品开发项目数
	制造业新产品产值
	制造业新产品开发经费
环境资源保护能力	工业废水排放达标率
	二氧化硫排放达标率
	脱硫设施脱硫能力
	工业固体废物综合利用率
	单位产值废水排放量
	单位产值废气排放量
	单位产值固体废弃物产生量
	三废综合利用产值占工业总产值比重

（2）马珩和孙宁（2011）依据新型制造业的概念内涵，在强调经济、科

技和资源环境三维均衡发展的理念基础上，构建了中国制造业发展指数（简称 CMDI）的评价指标体系（见表 2－51），同时采用指数功效函数法计算其评价值。并对 2003～2009 年中国制造业总体发展状况进行了评价研究。

表 2－51　　马珩和孙宁（2011）：制造业发展指数评价指标体系

维度	评价指标
经济创造能力	制造业总产值
	制造业就业人口
	制造业增加值占 GDP 比重
	全员劳动生产率
	制造业效益指数
科技创新能力	制造业 R&D 经费
	制造业 R&D 人员全时当量
	制造业消化吸收经费
	人均专利申请量
	新产品产值率
资源环境保护能力	单位产值废水排放指数
	单位产值废气排放指数
	单位产值固体废弃物排放指数
	能源消耗总量
	单位产值能源消耗指数

（3）李廉水等（2014）运用基于 FAHP－熵权组合赋权的灰色关联投影法综合评价模型，测度各省域制造业综合发展能力指数对 2003～2011 年我国东、中、西部地区制造业综合发展能力进行纵向和横向评价，见表 2－52。结果显示，我国区域制造业综合发展能力总体呈上升的发展趋势，但存在明显的区域差异，中西部地区制造业综合发展能力明显低于东部地区。从经济创造能力、科技创新能力、资源环境保护能力等 3 个方面构建了包含 18 个子指标的区域制造业综合发展能力评价指标体系。

表 2－52　李廉水等（2014）：区域制造业综合发展能力评价指标体系

维度	评价指标
经济制造能力	制造业总产值占工业总产值比重
	制造业产品销售率
	制造业企业单位产值
	制造业在岗职工人数占地方职工数比重
	制造业企业利润总额
科技创新能力	制造业 R&D 经费支出
	制造业 R&D 人员全时当量
	制造业 R&D 投入强度
	制造业新产品开发项目数
	制造业新产品开发经费
	制造业专利拥有数
	制造业新产品产值
	制造业技术引进经费
	制造业技术消化吸收经费
资源环境保护能力	制造业废水排放总量
	制造业废气排放总量
	制造业固体废物排放总量
	三废综合利用产品产值

（4）唐德才等（2016）在制造业"新型化"五维评价的基础上，构建新的多种均值评价指标体系（见表 2－53，运用偏好比率法），信息熵组合赋权和灰色关联投影法综合评价模型，对中部六省制造业"新型化"水平和制造业的经济创造能力、科技创新能力、资源节约能力、环境保护能力、社会服务能力做全面的比较和评价。结果显示，从纵向看，"十二五"期间，中部六省制造业"新型化"程度稳中有增；从横向来看，中部六省制造业"新型化"水平呈阶梯状分布，省域之间差异较大，且制造业"新型化"五维层面统筹不协调。

表 2－53　　唐德才等（2016）：制造业“新型化”评价指标体系

维度	评价指标
经济创造能力	制造业总产值占工业总产值的比重
	制造业企业单位产值
	制造业劳动生产率
	制造业在岗职工人均利润率
	制造业产品销售率
科技创新能力	制造业 R&D 人均经费支出
	制造业 R&D 人员人均全时当量
	制造业 R&D 投入强度
	R&D 人员数占制造业在岗职工的比重
	制造业新产品人均开发项目数
	制造业企业新产品开发经费平均值制造业专利人均申请数
	制造业专利人均拥有数
	制造业新产品产值率
	制造业技术创新投入产出系数
资源节约能力	单位制造业能源消耗量
	制造业单位产值能源消耗量
	单位制造业煤炭消耗量
	制造业单位产值煤炭消耗量
	单位制造业电力消耗量
环境保护能力	制造业单位产值电力消耗量
	单位制造业污染排放量
	制造业单位产值污染排放量
	单位制造业污染排放量
	制造业单位产值污染排放量
	单位制造业污染排放量
	制造业单位产值污染排放量

续表

维度	评价指标
社会服务能力	制造业就业人员数占总就业人数比重
	制造业在岗职工年均收入
	制造业就业人员人均利税

（5）赵蕾等（2017）对“制造强国”评价指标体系进行优化，从制造业增加值、制造业增加值率、制造业全员劳动生产率、世界500强制造业企业营业收入占比和信息化发展指数5个构建制造强国指数，评价中国、美国、德国、日本、韩国、法国、英国、印度、巴西九国的制造强国发展综合指数。结果表明，全球制造业发展整体不景气，美国制造业在发达国家中表现较为突出，中国制造业在发展中国家中表现较为突出。从综合指数变动趋势看，2012～2015年，中国、美国、德国、英国、韩国五国的综合指数值均有所提升，其中，中国的同期综合指数值提升最为明显；日本、法国、巴西、印度四国的综合指数值却呈一定幅度的下降。

（6）江小国等（2019）构建制造业高质量发展评价指标体系的基础上（见表2－54），利用中国31个省份的2004～2017年面板数据，分析制造业高质量发展水平及其时空特征。研究表明：从总体来看，我国制造业高质量发展水平呈现上升趋势，2015年后上升速度加快；从空间分布来看，呈现出“东强西弱”的发展态势，东部地区明显高于其他地区，中西部次之，东北最弱。

表2－54　江小国等（2019）：制造业高质量发展评价指标体系

维度	评价指标
经济效益	全员劳动生产率
	销售利润率
技术创新	技术创新投入水平
	技术创新产出水平

续表

维度	评价指标
绿色发展	单位工业增加值能耗
	国体废物处理利用率
质量品牌	产品质量合格
	中国制造企业500强占比
两化融合	互联网普及率
	应用电子商务水平
高端发展	中高端产品占比
	高技术制造业主营业务收入水平

通过梳理以上文献发现，现有研究在制造业高质量发展指标体系构建及其实证方面已有大量成果，如表2－55所示。

表2－55　　制造业高质量发展指标体系文献汇总

学者	指标体系类型	具体指标体系名称	一级指标（维度）个数	二级指标个数
吴雷和陈伟（2009）	创新能力	装备制造业技术创新能力	4	11
张颖和李凤梧（2009）	创新能力	制造业知识密集程度	2	9
郑若谷（2010）	创新能力	制造业自主创新	3	19
罗天洪和熊中楷（2010）	创新能力	制造业知识管理创新能力	7	31
赵金楼和王英照（2010）	创新能力	制造业技术引创能力	2	25
郑锦荣和徐福缘（2010）	创新能力	制造业技术创新能力	3	9
王乐杰（2010）	创新能力	制造业集群人才吸引力	6	13
郑晓奋和李少付（2010）	创新能力	制造业创新能力	4	18
徐丰伟（2011）	创新能力	装备制造业技术创新能力	5	22
段婕和刘勇（2011）	创新能力	装备制造业的技术创新能力	4	16
金余泉和韩东林（2011）	创新能力	制造业技术创新能力	4	19

续表

学者	指标体系类型	具体指标体系名称	一级指标（维度）个数	二级指标个数
张梦露和张忠家（2011）	创新能力	制造业创新能力	3	19
吴永林和赵佳菲（2011）	创新能力	高技术企业技术创新能力	4	11
赵琳和范德成（2012）	创新能力	装备制造业技术创新能力	3	9
徐建中和谢晶（2013）	创新能力	制造业先进性	5	15
刘慧岭（2013）	创新能力	制造业创新能力	3	9
边明英和孙虹（2016）	创新能力	制造业技术创新能力	3	9
黄鲁成等（2016）	创新能力	高端制造业创新指数	3	21
李小玉和李华旭（2017）	创新能力	制造业创新能力	4	14
何宁和夏友富（2018）	创新能力	装备制造业产业升级	6	20
张辽和王俊杰（2018）	创新能力	制造业两化融合	2	14
何星蓉（2018）	创新能力	高端装备制造业产学研协同创新能力	4	18
周志春（2009）	竞争力	装备制造业竞争力	4	10
崔艳娟等（2009）	竞争力	装备制造业产业竞争力	3	34
姚晓芳等（2010）	竞争力	装备制造业竞争力	3	12
崔艳娟（2010）	竞争力	装备制造业产业竞争力	5	7
乔均和彭纪生（2010）	竞争力	制造业品牌核心竞争力	6	22
张约翰和张平宇（2011）	竞争力	东北装备制造业竞争力	5	13
江心英和周媛媛（2012）	竞争力	制造业企业竞争力	3	41
袁红英（2012）	竞争力	制造业国际竞争力	1	4
颜毓洁和吴念（2013）	竞争力	装备制造业竞争力	5	17
齐阳和王英（2014）	竞争力	装备制造业产业竞争力	4	9
王素君和马银戌（2014）	竞争力	制造业集群竞争力	3	15
张华明等（2016）	竞争力	装备制造业竞争力	3	11
李琳和王足（2017）	竞争力	制造业绿色竞争力	3	27
苏红键等（2017）	竞争力	制造业竞争力	3	17

续表

学者	指标体系类型	具体指标体系名称	一级指标（维度）个数	二级指标个数
郑学党（2017）	竞争力	制造业价值竞争力	3	9
周五七（2018）	竞争力	制造业竞争力	1	9
杨义蛟等（2009）	可持续发展能力	装备制造业可持续发展能力	3	40
赵丽等（2009）	可持续发展能力	区域制造业可持续发展能力	5	21
周勇和吴海珍（2017）	可持续发展能力	装备制造业可持续成长性	4	9
周彩红和樊丽君（2016）	新型化程度	装备制造业新型化程度	3	13
陈涛和郑伟（2010）	新型制造业	新型制造业综合能力	3	27
杜琦等（2010）	新型制造业	先进制造业发展水平	4	11
郭巍等（2011）	新型制造业	先进制造业综合能力	5	25
胡蝶和张向前（2011）	新型制造业	先进制造业发展水平	3	37
席枫和李家祥（2016）	新型制造业	先进制造研发基地建设水平	6	19
张晓芹和王宇（2018）	新型制造业	新型制造业综合能力	5	21
张晓芹和王宇（2018）	新型制造业	新型制造业发展水平	5	29
郑伟和张昕（2009）	综合能力	制造业强市	3	21
马珩和孙宁（2011）	综合能力	制造业发展综合能力	3	15
李廉水等（2014）	综合能力	制造业综合发展能力	3	20
唐德才等（2016）	综合能力	制造业“新型化”	5	29
赵蕾等（2017）	综合能力	制造强国指数	1	5
江小国等（2019）	高质量发展	制造业高质量发展	6	12

综观上述近10年有关制造业高质量发展能力指标体系的文献。从指标体系类型看，研究构建的指标体系主要包括制造业创新能力、制造业竞争力、制造业可持续发展能力、新型制造业发展能力、制造业综合能力等类型。从具体指标看，不少研究出现了微观企业财务方面的指标，对与区域制造业高质量发展水平的测度应尽量从宏观和产业经济的角度选取指标。从研究对象和区域看，现有研究大多对省域进行实证分析，仅有少数文献放到市域层面

（但只针对单一市域或局部区域少数市域）；多数研究从行业的角度对区域内多个行业或产业展开分析，而极少研究对区域制造业综合实力进行研究。

二、中国市域制造业高质量发展评价指标体系构建

本研究报告从制造业高质量发展保障与支撑高质量、制造业绿色生态发展高质量、制造企业品质与品牌高质量、制造企业经营效率高质量、制造企业开放创新高质量和制造业民生共享高质量五个维度建立市域制造业高质量发展评价指标体系，见表2－56。

表2－56　市域制造业高质量发展指标体系

维度	指标层	计量单位	指标属性
制造业高质量发展保障与支撑	城镇化率	%	正
	人口自然增长率	‰	正
	城市认可度	—	正
	万人拥有高等和中等职业学校教师数	人	正
	万人拥有高等和中等职业学校学生数	人	正
	万人拥有医院床位数	个	正
	万人拥有执业医师（助理）数	人	正
	地方一般公共预算支出中教育支出占比	%	正
制造业绿色生态发展高质量	万元规模以上工业总产值的工业废水排放量	吨/万元	逆
	万元规模以上工业总产值的工业二氧化硫排放量	吨/万元	逆
	万元规模以上工业总产值的工业烟（粉）尘排放量	吨/万元	逆
	万元工业总产值工业氮氧化物排放量	吨/万元	逆
	一般工业固体废物综合利用率	%	正
	污水处理厂集中处理率	%	正
	万元工业产值电耗	千瓦时/万元	逆

续表

维度	指标层	计量单位	指标属性
制造业品质与品牌高质量	高竞争力企业	个	正
	驰名商标数和地理标志商标数	个	正
	企业产品质量抽检合格率	%	正
	国家绿色工厂企业与绿色供应链管理示范企业数	个	正
	两化融合管理体系贯标试点企业数	个	正
	高新技术企业认定数	个	正
	国家高质量产业集群数量	个	正
制造业经营效率高质量	规模以上工业企业每万元资金的主营业务税金及附加	元/万元	正
	规模以上工业企业每万元资金增值税	元/万元	正
	规模以上工业企业每万元资金利润总额	元/万元	正
	规模以上工业企业企均产值	万元/个	正
	规模以上工业企业企均利润总额	万元/个	正
	规模以上工业企业投入产出率	%	正
	第二产业地区生产总值密度	万元/平方千米	正
	第二产业城镇单位就业人员比重	%	正
制造业开放创新高质量	地方一般公共预算支出中科学技术支出占比	%	正
	货物出口额占规模以上工业总产值比重	%	正
	规模以上工业企业企均实际使用外资额	万美元/个	正
	规模以上工业企业中港澳台商及外商投资企业数	个	正
	规模以上工业企业企均拥有 R&D 人员	人/个	正
	规模以上工业企业企均专利申请数	件/个	正
	规模以上工业企业企均专利授权数	件/个	正
制造业民生共享高质量	规模以上工业企业总数	个	正
	万人拥有规模以上工业企业数	个/万人	正
	每平方公里拥有规模以上企业数	个/平方千米	正
	第二产业占地区生产总值比重	%	正
	城镇登记失业率	%	逆
	在岗职工平均工资	元	正

（一）制造业高质量发展保障与支撑

制造业作为实体经济的主体，承担着国家财富增长的主要任务，需要各个方面强有力的支撑。充足的劳动力和适度的人口增长结构是支撑制造业不断发展壮大的长远基础，城市的知名度是形成品牌效应的重要保障，教育、人才供给和医疗保障是制造业发展的坚实基础。

为此本报告选取城镇化率、人口自然增长率、城市认可度、万人拥有高等和中等职业学校教师数、万人拥有高等和中等职业学校学生数、万人拥有医院床位数、万人拥有执业医师（助理）数、地方一般公共预算支出中教育支出占比等8个指标来衡量制造业高质量发展保障与支撑。

其中：人口自然增长率，指在一定时期内（通常为一年）自然增加数（出生人数减死亡人数）与该期内平均人数（或期中人数）之比，用千分率表示。

城市认可度，指每个城市被政府授予的荣耀、某种特殊的地位或机遇以及在民间成熟排行榜上榜的相对程度。城市认可度高，就区域经济高质量发展而言，就有可能吸引更多更优质的资源，特别是人（财）力资源。本研究报告的城市认可度相对社会上名目繁多的各种城市排行榜的显著特点是：它以选取政府授予某个城市的荣誉、特殊的地位或机遇为主，少量民间的榜单，榜单只选取那些长时间连续在做、相对具有科学依据且在社会有较广泛口碑的排名。因此，城市认可度的数据都是有据可查的。本研究报告采用《中国市域经济高质量发展研究报告（2019）》的城市认可度数据。

万人拥有高等和中等职业学校教师数 =（普通高等学校专任教师数 + 中等职业教育学校专任教师数）/年平均人口数。

万人拥有高等和中等职业学校学生数 =（普通高等学校学生数 + 中等职业教育学校学生数）/年平均人口数。

万人拥有医院床位数，指在报告期末平均每一万人拥有辖区范围内的医院、卫生院总数。万人拥有医院卫生院床位数 = 床位总数/年平均人口数。

万人拥有执业医师（助理）数，指在报告期末平均每一万人拥有辖区范围内的医院、卫生院医生（助理）数。万人拥有执业医师（助理）数 = 执业医师（助理）数/年平均人口数。

地方一般公共预算支出中教育支出占比 = 地方一般公共预算支出中教育支出/地方一般公共预算支出 ×100%。

（二）制造业绿色生态发展高质量

制造业绿色生态发展高质量要求坚持加强生态文明建设、新发展理念，牢固树立“绿水青山就是金山银山”理念。要转变以往高耗能、高污染、低效率的生产方式，转向低耗能、低污染、高效率的发展方式，淘汰落后产能，坚持节约集约循环利用的资源观，走生态优先和可持续发展的生产道路。

本研究报告选取万元规模以上工业总产值的工业废水排放量、万元规模以上工业总产值的工业二氧化硫排放量、万元规模以上工业总产值的工业烟（粉）尘排放量、万元工业总产值工业氮氧化物排放量、一般工业固体废物综合利用率、污水处理厂集中处理率、万元工业产值电耗等 7 个指标来衡量制造业绿色生态发展高质量。

其中：万元规模以上工业总产值的工业废水排放量 = 工业废水排放量/规模以上工业总产值。

万元规模以上工业总产值的工业二氧化硫排放量 = 工业二氧化硫排放量/规模以上工业总产值。

万元规模以上工业总产值的工业烟（粉）尘排放量 = 工业烟（粉）尘排放量/规模以上工业总产值。

万元工业总产值工业氮氧化物排放量 = 工业氮氧化物排放量/规模以上工业总产值。

一般工业固体废物处置利用率，指行政区内一般工业固体废物处置及综合利用量占一般工业固体废物产生总量（当年一般工业固废产生量、处置往年贮存量和综合利用往年贮存量之和）的比值。

污水处理厂集中处理率，指经过处理的生活污水、工业废水量占污水排放总量的比重。

万元工业产值电耗 = 全社会工业用电量/规模以上工业总产值。

（三）制造业品质与品牌高质量

当前，尽管我国已成为世界第一制造大国，但是仍然处于世界供应链中低端，高端制造业和先进制造业与发达国家还有较大差距。当前，国际竞争日益加剧，打造一批有影响力的制造业品牌是提升我国竞争力和话语权的坚实基础。

本研究报告选取高竞争力企业、驰名商标数和地理标志商标数、企业产品质量抽检合格率、国家绿色工厂企业与绿色供应链管理示范企业数、两化融合管理体系贯标试点企业数、高新技术企业认定数、国家高质量产业集群数量等 7 个指标来衡量制造企业品质与品牌高质量。

其中：高竞争力企业，指该城市所拥有的中国企业 500 强数量、中国民营企业 500 强数量、中国 500 最具价值品牌数、制造业单项冠军企业和单项冠军产品企业数、国家 500 强制造企业数、中国质量奖企业数（包括提名奖）之和。

驰名商标数和地理标志商标数，指一地区年末所具有已注册的中国驰名商标数与地理标志数之和。

企业产品质量抽检合格率，指国家市场监督管理总局抽查的一地区企业产品检查后合格批数占抽查该地区的企业产品总批数。企业产品质量抽检合格率 = 抽查产品合格批数/抽查产品总批数 ×100%。

（四）制造业经营效率高质量

制造业经营效率反映了该城市制造业发展产出和运营效率的高低。本研究报告选取规模以上工业企业每万元资金的主营业务税金及附加、规模以上工业企业每万元资金增值税、规模以上工业企业每万元资金利润总额、规模以上工业企业企均产值、规模以上工业企业企均利润总额、规模以上工业企业投入产出率、第二产业地区生产总值密度、第二产业城镇单位就业人员比重等 8 个指标来衡量制造企业经营效率高质量。

其中：规模以上工业企业每万元资金的主营业务税金及附加 = 规模以上工业企业主营业务税金及附加/（规模以上工业企业流动资产额 + 规模以上工业企业固定资产额）。

规模以上工业企业每万元资金增值税 = 规模以上工业企业应交增值税/（规模以上工业企业流动资产额 + 规模以上工业企业固定资产额）。

规模以上工业企业企均利润额 = 规模以上工业企业利润总额/（规模以上

工业企业流动资产额+规模以上工业企业固定资产额）。

规模以上工业企业企均产值=规模以上工业企业总产值/规模以上工业企业数。

规模以上工业企业企均利润总额=规模以上工业企业利润总额/规模以上企业数。

规模以上工业企业投入产出率=（规模以上工业企业主营业务税金及附加+规模以上工业企业应交增值税+规模以上工业企业利润总额）/（规模以上工业企业流动资产额+规模以上工业企业固定资产额）×100%。

第二产业地区生产总值密度=第二产业增加值/行政区划面积。

第二产业城镇单位就业人员比重=第二产业城镇单位就业人员/城镇单位就业人员总数×100%。

（五）制造业开放创新高质量

开放创新高质量，指经济发展要以创新为动力源泉，逐渐摒弃粗放型的发展，要不断加大科技创新的投入和科技成果的转化和产出，以创新驱动促进经济发展，转换增长动力，活跃生产力，破解资源要素等约束，并以开放更加充分、更加包容地利用国内外资源，带动经济更高质量、更有效率地发展。

本研究报告选取地方一般公共预算支出中科学技术支出、货物出口额占规模以上工业总产值比重、规模以上工业企业企均实际使用外资额、规模以上工业企业中港澳台商及外商投资企业数、规模以上工业企业企均拥有R&D人员、规模以上工业企业企均专利申请数、规模以上工业企业企均专利授权数等7个指标来衡量制造企业开放创新高质量。

其中：地方一般公共预算支出中科学技术支出占比=地方一般公共预算支出中科学技术支出/地方一般公共预算支出×100%。

货物出口额占规模以上工业总产值比重=货物出口额/地区生产总值×100%。

规模以上工业企业企均实际使用外资额=当年实际利用外资金额/规模以上工业企业数。

规模以上工业企业企均拥有R&D人员=规模以上工业企业R&D人员数/

规模以上工业企业数。

（六）制造业民生共享高质量

民生共享高质量是指经济发展的成果能够更多、更公平地惠及全体居民的程度，满足居民日益增长的美好生活需要，反映的是居民的生活水平和生活质量，包括收入、就业等方面，这也是经济高质量发展的最终目标。

本研究报告选取规模以上工业企业数、万人拥有规模以上工业企业数、每平方公里拥有规模以上企业数、第二产业占地区生产总值比重、城镇登记失业率、在岗职工平均工资等 6 个指标来衡量制造业民生共享高质量。

其中：万人拥有规模以上工业企业数 = 规模以上工业企业数/年平均人口数。

每平方公里拥有规模以上企业数 = 规模以上工业企业数/行政区划面积。

第二产业占地区生产总值比重 = 第二产业增加值/地区生产总值 ×100%。

城镇登记失业率，指在报告期末城镇登记失业人员数与城镇单位就业人员（扣除使用的农村劳动力、聘用的离退休人员、港澳台及外方人员）、城镇单位中的不在岗职工、城镇私营业主、个体户主、城镇私营企业和个体就业人员、城镇登记失业人员之和的比率。

在岗职工平均工资，指一地区各单位的在岗职工在报告期内平均每人由本单位支付的劳动报酬。在岗职工工资包括基本工资、绩效工资、工资性津贴和补贴、其他工资 4 部分组成，不包括病假、事假等情况的扣款。

第二节　中国市域制造业高质量发展评价模型

一、评价模型综述

对于区域制造业高质量发展水平评价模型的选取，现有研究中主要采用以下几种方法：

（1）专家打分法。邀请若干熟悉情况的专家组成评判小组，各专家独立给出一套权数，形成一个评判矩阵，对各专家给出的权数进行综合处理得出综合权数。该方法是利用专家的知识、智慧、经验等无法数量化的带有很大模糊性的信息形成对各方面的评价权数，权数会体现评价者对评价对象的总体判断。该方法操作简单，原理清楚明了，但权数受主观因素影响较大，很难形成具有说服力而且稳定的一套权数。它适合数据收集困难或者信息量化不易准确的评价项目。

（2）模糊综合评价法。模糊综合评判是以模糊数学为基础，应用模糊关系合成的原理，将一些边界不清、不易定量的因素定量化，进行综合评价的一种方法。它是模糊数学在自然科学领域和社会科学领域中应用的一个重要方面。

（3）层次分析法。层次分析法（analytic hierarchy process，AHP）是美国匹兹堡大学数学系教授，著名运筹学家萨蒂（T. L. Saaty）于 20 世纪 70 年代中期提出来的一种定性、定量相结合，系统化、层次化的分析方法。这种方法将决策者的经验给予量化，特别适用于目标结构复杂且缺乏数据的情况。它是一种简便、灵活而又实用的多准则决策方法。自层次分析法提出以来，在各行各业的决策问题上都有所应用。

（4）熵值法。信息理论中，熵是系统无序程度的量度，可以度量数据所提供的有效信息。熵值法就是根据各指标传输给决策者的信息量的大小来确定指标权数的方法。某项评价指标的差异越大，熵值越小，该指标包含和传输的信息越多，相应权重越大。

（5）变异系数法。变异系数是统计中常用的衡量数据差异的统计指标，该方法根据各个指标在所有被评价对象上观测值的变异程度大小来对其赋权。为避免指标的量纲和数量级不同所带来的影响，该方法直接用变异系数归一化处理后的数值作为各指标的权数。

（6）主成分分析法。在多指标综合评价中很多指标的信息重复，这会增加计算工作量从而影响评价的准确性，主成分分析法就是通过降维将原来众多具有一定相关性的指标重新组合成一组新的边界清晰、数量更少的综合指标来代替原来的指标，这些新的综合指标保留了原始变量的主要信息，同时彼此之间又不相关，比原始变量具有更优越的性质，从而更能反映问题的实质。

（7）灰色关联度法。灰色关联度分析认为若干个统计数列所构成的各条曲线几何形状越接近，即各条曲线越平行，则它们的变化趋势越接近，其关联度就越大。因此，可利用各方案与最优方案之间关联度的大小对评价对象进行比较、排序。该方法首先是求各个方案与由最佳指标组成的理想方案的关联系数矩阵，由关联系数矩阵得到关联度，再按关联度的大小进行排序、分析，得出结论。

（8）微粒群算法。又称粒子群优化（POS），是基于对鸟群寻找栖息地的研究提出来的，其思想来源于人工生命以及演化计算理论。该算法中将鸟群运动模型中的栖息地类比于所求问题解空间中可能解的位置，通过个体间的信息传递，导引整个群体向可能解的方向移动，在求解过程中逐步增加发现较好解的可能性。与进化算法相比，POS 保留了基于种群的全局搜索策略，但其采用的速度 - 位移模型操作简单，避免了复杂的遗传操作，是一种更高效的并行搜索算法，微粒群算法目前已成为进化算法的一个重要分支。

二、评价模型构建原则

（1）客观性。制造业高质量评价模型的客观性包括数据的有效性和各指标权重确定的客观性。经济高质量评价的前提是要有真实、客观、有效的数据，如果有不能获取的数据应该应用科学的统计学方法进行估计。同时，对制造业高质量进行评价的关键是确定各评价指标的权重，这需要在确定各评价指标的权重时尽量选取客观的方法求权重，避免主观赋权法的随意性对评价结果的准确性造成影响。

（2）科学性。制造业高质量评价模型要求采用的评价方法包括计算公式等是真实的，评价方法的理论根据是明确的。采用的评价模型中的所用相关公式应该是公认的并且经过检验的，涉及的理论应该是经过验证无误的，只有具备科学有效的评价方法才能保障评价结果的准确性。同时，评价方法还应该符合经济学领域中的相关理论和评价指标的特征，如一些理工科领域的评价方法不一定适合经济学领域的评价。

（3）可操作性。对制造业高质量发展的评价应该在具体分析数据的性质和深入理解经济高质量内涵的基础上选择合理、可行的评价模型。选取评价模型不应只追求方法的复杂性，要以各指标的特性为前提，同时要考虑各指标之间的差异程度和不同量纲及数量级对数据处理过程和评价结果的影响。

三、评价模型构建

本研究报告采用变异系数 - 主成分分析复合评价模型。首先，分别应用变异系数法和主成分分析法客观确定评价体系中各基础指标的权重；然后，取两种方法得出的权重的算数平均值作为各指标的组合权重；最后，进行赋权加总求得各市域制造业高质量发展总体指数和各维度指数并展开综合评价。

变异系数作为统计学中的一种统计量，通常用于衡量数据之间的变异程度。变异系数法是一种客观赋权方法，是直接利用评价体系中各评价指标原始数据所包含的信息，通过简单计算求得各评价指标的相对权重。该方法的基本思想是：在评价体系的同一指标下，评价对象的取值差异程度越大，表明该指标越难以实现，重要性也就越大，则对该指标赋予较大的权重，反之赋予较小的权重。

主成分分析法是研究如何将多变量简化为较少综合变量的多元统计分析方法，对多维变量进行降维，降维后的变量是原变量的线性组合，并能反映原变量的绝大部分信息，使信息的损失最小，对原变量的综合解释力强，对制造业高质量测度的准确性有一定的改善。该方法通过特征向量的方差贡献率来表示变量的作用，可避免在系统分析中对权重的主观判断，使权重的分配更合理，尽可能地减少重叠信息的不良影响，克服变量之间的多重相关性，使系统分析简化。

设 m 为评价对象总数，n 为评价指标总数，第 i 个评价对象的第 j 个评价指标的数值记为 x_{ij}，则原始数据构成了一个 m 行 n 列的矩阵 $X=(x_{ij})_{m\times n}$。

（一）变异系数赋权法

（1）计算各评价指标的变异系数 V_j：

$$V_j=\frac{\sigma_j}{\bar{x}_j},\ j=1,\ 2,\ \cdots,\ n$$

式中，$\bar{x}_j$ 和 σ_j 分别表示第 j 个评价指标的均值和标准差。

（2）计算评价指标的权重 f_j：

$$f_j = \frac{V_j}{\sum_{j=1}^{n} V_j}, j = 1, 2, \cdots, n$$

（二）主成分分析赋权法

（1）对原始数据无量纲化处理。

正向指标：

$$y_{ij} = \frac{x_{ij} - \min_{1 \leqslant i \leqslant m}(x_{ij})}{\max_{1 \leqslant i \leqslant m}(x_{ij}) - \min_{1 \leqslant i \leqslant m}(x_{ij})}$$

负向指标：

$$y_{ij} = \frac{\max_{1 \leqslant i \leqslant m}(x_{ij}) - x_{ij}}{\max_{1 \leqslant i \leqslant m}(x_{ij}) - \min_{1 \leqslant i \leqslant m}(x_{ij})}$$

（2）求出各指标的协方差矩阵 $R_{n \times n}$。

（3）求协方差矩阵 $R_{n \times n}$ 的特征根 λ_j 及对应的单位特征向量：

$$b_j = (b_{1j}, b_{2j}, \cdots, b_{nj})^T, j = 1, 2, \cdots, n$$

（4）计算前 k 个主成分的累积方差贡献率 $\alpha_{(k)}$：

$$\alpha_{(k)} = \frac{\sum_{j=1}^{k} \lambda_j}{\sum_{j=1}^{n} \lambda_j}, k = 1, 2, \cdots, n$$

当前 k 个主成分累积方差贡献率 $\alpha_{(k)} \geqslant 80\%$ 时，说明前 k 个主成分包含了所有原始数据的大部分信息，可用前 k 个主成分代替所有原始数据，即确定 k 为提取主成分的个数。将前 k 个单位特征向量 $b_j = (b_{1j}, b_{2j}, \cdots, b_{nj})^T$，$(j = 1, 2, \cdots, k)$ 的所有分量取绝对值得到向量 $c_j = (c_{1j}, c_{2j}, \cdots, c_{nj})^T (j = 1, 2, \cdots, k)$，以提取出来的各主成分的方差占提取出 k 个主成分的累积方差的百分比为权重，对向量 $c_j = (c_{1j}, c_{2j}, \cdots, c_{nj})^T$ $(j = 1, 2, \cdots, k)$ 赋权加总得到向量 $v = (h_1, h_2, \cdots, h_n)^T$，再将向量 v 的所有分量归一化得到各评价指标的权重：

$$g_j = \frac{h_j}{\sum_{j=1}^{n} h_j},\ j=1,\ 2,\ \cdots,\ n$$

（三）制造业高质量发展指数的计算

基于变异系数法和主成分分析法得出的各评价指标权重，取两者的算术平均值作为各评价指标的组合权重 ω_j：

$$\omega_j = \frac{f_j + g_j}{2},\ j=1,\ 2,\ \cdots,\ n$$

基于各评价指标的权重 ω_j，对无量纲化处理后的数据 y_{ij}进行线性加权得到各市制造业高质量发展指数：

$$I_i = \sum_{j=1}^{n} \omega_i y_{ij},\ i=1,\ 2,\ \cdots,\ m$$

第三节　中国 286 个市域制造业高质量发展测度总体描述

一、数据来源

本研究报告对区域制造业高质量发展测度的对象为我国的地级城市区域。考虑到评价结果的可比性，所以测评对象并未包含 4 个直辖市及港澳台地区。在数据收集整理的过程中，海南省的三沙市、西藏的日喀则市、昌都市、林芝市、山南市、新疆的吐鲁番市、哈密市等城市的相关数据未能收集完整，为保证本次研究结果的准确性，此次区域制造业高质量发展评价未包含上述地级市，仅对全国其他 286 个地级市制造业高质量发展展开评价。

根据前文阐述，测度指标体系包括 6 个维度（一级指标）及下属的共计 43 个二级评价指标，其中大多数指标是直接输入模型运算，少量指标要经过换算处理，比如前文所说城市认可度，需要经过换算处理的指标在下文相应地方笔者会作说明。指标数据的具体来源详述如下。

制造业高质量发展保障与支撑评价维度共计 8 个评价指标。其中城镇化率、人口自然增长率来源于《中国城市统计年鉴（2018）》；城市认可度包含政府城市认可度和民间城市认可度，具体测算详见《中国区域经济高质量发展研究报告（2018）》；万人拥有高等和中等职业学校教师数、万人拥有高等和中等职业学校学生数、万人拥有医院床位数、万人拥有执业医师（助理）数由《中国城市统计年鉴（2018）》的普通高等学校专任教师数、中等职业教育学校专任教师数、普通中学专任教师数、普通本专科在校学生数、中等职业教育学校学生数和年平均人口进行计算获得；地方一般公共预算支出中教育支出占比数据来源于《中国城市统计年鉴（2018）》的地方科学技术支出、地方公共财政支出和《2017 年国民经济与社会发展统计公报》地区生产总值经公式计算获得。

制造业绿色生态发展高质量评价维度共计 7 个指标，其中一般工业固体废物综合利用率、污水处理厂集中处理率数据均来源于《中国城市统计年鉴（2018）》；万元规模以上工业总产值的工业废水排放量、万元规模以上工业总产值的工业二氧化硫排放量、万元规模以上工业总产值的工业烟（粉）尘排放量、万元工业总产值工业氮氧化物排放量、万元工业产值电耗数据由《中国城市统计年鉴（2018）》中的工业废水排放量、工业二氧化硫排放量、工业氮氧化物排放量、工业烟（粉）尘排放量、全社会工业用电量和各省份 2018 年统计年鉴中汇总的工业总产值经计算获得。

制造企业品质与品牌高质量评价维度共计 7 个指标，其中企业产品质量抽检合格率数据来源于（2017 年、2018 年）原国家质量监督检验检疫总局（http：//samr. aqsiq. gov. cn）。具体而言，将 2017 年和 2018 年产品质量国家监督抽查结果进行汇总并查找被抽查企业所在地级市及抽查结果，然后统计出各地级市被抽查企业的总数（重数的按重数算）及抽查结果合格数，最后计算企业产品质量监督检查合格率。驰名商标数及地理标志数数据来源于中国驰名商标网（http：//www. wellknown-mark. cn）和中国商标网（http：//sbj. saic. gov. cn）。具体而言，对于中国驰名商标数，在中国驰名商标网按省份查找出所有驰名商标及所属企业具体地址，然后找出每个驰名商标所在的地级市并统计各地级市拥有中国驰名商标总数；对于地理标志数在中国商标网的《中国商标品牌战略年度发展报告 2018》中获得。高竞争力企业数包含了中国企业 500 强、中国民营企业 500 强、中国 500 最具价值品牌数、冠军企业（制造业单项冠军企业和单项冠军产品企业数）、国家500强制造企业数、中国质量奖企业数量。中国质量奖企业数包括了中国质量奖及提名奖的制造业和服务业企业数，数据来源于第一、二、三届中国质量奖及提名奖获奖名单；制造业单项冠军企业和单项冠军产品企业数来源于工业和信息化部前三批制造业单项冠军企业和单项冠军产品名单；500强企业数及中国500最具价值品牌数数据包括2018年中国企业500强、2018年中国民营企业500强及中国500最具价值品牌，分别来源于中国企业联合会－中国企业家协会（http：//www.cec1979.org.cn）、中华全国工商业联合会（http：//www.acfic.org.cn）、世界品牌实验室（http：//www.worldbrandlab.com）。国家绿色工厂企业与绿色供应链管理示范企业数、两化融合管理体系贯标试点企业数、国家高质量产业集群数量数据来源于国家工业和信息化部公布《绿色制造名单》《2018年两化融合管理体系贯标试点企业名单》《国家战略性新兴产业集群名单》；高新技术企业认定数数据来源于高新技术企业认定管理工作网（http：//www.innocom.gov.cn）的2008～2018年高新技术认定名单。中国驰名商标数与地理标志数、高竞争力企业等的指标数值处理步骤相同。首先，搜集出所有的相关数据；然后，把所有的数据落到对应的城市；接着，把每个城市的同类数值相加合并；最终，得到每个城市相应评价指标的数值。

制造企业经营效率高质量评价维度共计8个指标，其中规模以上工业企业每万元资金的主营业务税金及附加、规模以上工业企业每万元资金增值税、规模以上工业企业每万元资金利润总额、规模以上工业企业企均产值、规模以上工业企业企均利润总额、规模以上工业企业投入产出率、第二产业地区生产总值密度、第二产业城镇单位就业人员比重（%）。

其中规模以上工业企业投入产出率、第二产业地区生产总值密度、第二产业城镇单位就业人员比重数据来源于《中国城市统计年鉴（2018）》；规模以上工业企业每万元资金的主营业务税金及附加、规模以上工业企业每万元资金增值税、规模以上工业企业每万元资金利润总额由《中国城市统计年鉴（2018）》规模以上工业企业主营业务税金及附加、规模以上工业企业本年应交增值税、规模以上工业企业利润总额与规模以上工业企业流动资产额、规模以上工业企业固定资产额之和经计算获得；规模以上工业企业企均利润总额数据由《中国城市统计年鉴（2018）》规模以上工业企业利润总额与规模以上工业企业数经计算获得；规模以上工业企业企均产值数据由规模以上工业总产值和规模以上工业企业数经计算获得。

制造企业开放创新高质量评价维度共计 7 个指标，其中地方一般公共预算支出中科学技术支出、规模以上工业企业中港澳台商及外商投资企业数数据来源于《中国城市统计年鉴（2018）》；货物出口额与规模以上工业总产值百分比由《中国城市统计年鉴（2018）》货物出口额与规模以上工业总产值经计算获得；规模以上工业企业企均实际使用外资额、规模以上工业企业企均拥有 R&D 人员、规模以上工业企业企均专利申请数、规模以上工业企业企均专利授权数由《中国城市统计年鉴（2018）》当年实际使用外资额、R&D 人员、专利申请数、专利授权数和规模以上工业企业数经计算获得。

制造业民生共享高质量评价维度共计 6 个指标，其中规模以上工业企业总数、第二产业占地区生产总值比重、城镇登记失业率、在岗职工平均工资数据来源于《中国城市统计年鉴（2018）》；万人拥有规模以上工业企业数、每平方公里拥有规模以上企业数由《中国城市统计年鉴（2018）》规模以上工业企业数与年平均人口、行政区域土地面积经计算获得。

整个数据采集经过了四个阶段。

上述是在数据收集的第一阶段各数据对应的主要来源，第一阶段的收集完成了总数据的 90% 以上。

在数据收集的第二阶段，对第一阶段未收集到的数据从各地级市《2017 年国民经济和社会发展统计公报》、各省知识产权局、各省和地级市的《统计年鉴（2018）》收集，同时通过各地级市发展改革委和原工商局等相关政府部门网站并通过政府部门网上办公的形式向相关政府部门寄送相关材料获取数据。

在数据收集的第三阶段，对经过前两个阶段的数据收集后，还有未收集到的极少数据通过取对应地级市所在省份除省会城市之外的各地级市数据的算术平均值后得到。

最后，对通过以上收集过程后仍有未收集到的个别数据根据其他地级市相应数据及本地级市其他数据进行主观估值得到。

本报告的数据，有 2017 年的统计数据，有 2018 年的各类报告资讯数据，有 2019 年的国家部委网站数据，报告编撰于 2019 年，所以定为 2019 年度报告。

数据采集的两点说明：

（1）各地区总人口以年平均人口表示，各指标数据为全市数据。

（2）部分评价指标数据需要使用的公式已在本报告的第二章中列出。

二、总体测度分析

利用变异系数法和主成分分析法相结合构成变异系数－主成分评价模型，对中国286个地级市制造业高质量发展展开综合评价，综合评价结果，根据第二章对变异系数－主成分评价模型步骤的详细说明，对区域制造业高质量发展进行整体测度过程如下：首先，将原始数据构成一个286行43列的矩阵 $R_{286\times43}$，根据变异系数法求出各评价指标的权重；其次，将原始数据构成的一个286行43列的矩阵 $R_{286\times43}$ 进行规范化处理得到矩阵 $Z_{286\times43}$，利用主成分分析法求出各评价指标的权重；再次，基于以上两种方法求出的权重，取两者的平均值作为各评价指标的最终权重；最后，利用得到的各指标最终权重对规范化处理后的矩阵 $Z_{286\times43}$ 各行数据赋权加总得到各地级市的最终得分。

同理，可根据第二章对变异系数－主成分评价模型步骤的详细说明，对区域经济高质量发展各维度进行测度，对各维度进行测度时只考虑本维度下的指标数据。现以制造业高质量发展保障与支撑为例：首先，将本维度下的8个原始数据构成一个286行8列的矩阵 $R_{286\times8}$，根据变异系数法求出各评价指标的权重；其次，将原始数据构成的一个286行8列的矩阵 $R_{286\times8}$ 进行规范化处理得到矩阵 $Z_{286\times8}$，利用主成分分析法求出各评价指标的权重；再次，基于以上两种方法求出的权重，取两者的平均值作为本维度下各评价指标的最终权重；最后，利用得到的各指标最终权重对规范化处理后的矩阵 $Z_{286\times8}$。各行数据赋权加总得到各地级市在制造业高质量发展保障与支撑的最终得分。同理，用相同的方法可得出各地级市分别在制造业绿色生态发展高质量、制造企业品质与品牌高质量、制造企业经营效率高质量、制造企业开放创新高质量和制造业民生共享高质量的最终得分。详见表2－57、表2－58。

表 2－57　　市域制造业高质量发展总体测度各评价指标权重

维度	指标层	维度指数测度权重	总指数测度权重	
制造业高质量发展保障与支撑	1. 城镇化率（%）	0.0795	0.0128	0.1644
	2. 人口自然增长率（‰）	0.2741	0.0468	
	3. 城市认可度	0.1217	0.0249	
	4. 万人拥有高等和中等职业学校教师数（人）	0.1472	0.0213	
	5. 万人拥有高等和中等职业学校学生数（人）	0.1490	0.0225	
	6. 万人拥有医院床位数（个）	0.0913	0.0080	
	7. 万人拥有执业医师（助理）数（人）	0.1057	0.0141	
	8. 地方一般公共预算支出中教育支出占比（%）	0.0314	0.0140	
制造业绿色生态发展高质量	9. 万元规模以上工业总产值的工业废水排放量（吨/万元）	0.1554	0.0210	0.1558
	10. 万元规模以上工业总产值的工业二氧化硫排放量（吨/万元）	0.1953	0.0311	
	11. 万元规模以上工业总产值的工业烟（粉）尘排放量（吨/万元）	0.1853	0.0278	
	12. 万元工业总产值工业氮氧化物排放量（吨/万元）	0.1971	0.0292	
	13. 一般工业固体废物综合利用率（%）	0.1072	0.0150	
	14. 污水处理厂集中处理率（%）	0.0011	0.0095	
	15. 万元工业产值电耗（千瓦时/万元）	0.1586	0.0222	
制造企业品质与品牌高质量	16. 高竞争力企业（个）	0.1652	0.0296	0.1847
	17. 驰名商标数和地理标志商标数（个）	0.1211	0.0233	
	18. 企业产品质量抽检合格率（%）	0.0531	0.0063	
	19. 国家绿色工厂企业与绿色供应链管理示范企业数（个）	0.1475	0.0279	
	20. 两化融合管理体系贯标试点企业数（个）	0.1629	0.0288	
	21. 高新技术企业认定数（个）	0.1982	0.0356	
	22. 国家高质量产业集群数量（个）	0.1520	0.0332	

续表

维度	指标层	维度指数测度权重	总指数测度权重	
制造企业经营效率高质量	23. 规模以上工业企业每万元资金的主营业务税金及附加（元/万元）	0.1072	0.0178	0.1718
	24. 规模以上工业企业每万元资金增值税（元/万元）	0.0884	0.0158	
	25. 规模以上工业企业每万元资金利润总额（元/万元）	0.1120	0.0207	
	26. 规模以上工业企业企均产值（万元/个）	0.1233	0.0207	
	27. 规模以上工业企业企均利润总额（万元/个）	0.1508	0.0194	
	28. 规模以上工业企业投入产出率（%）	0.1083	0.0197	
	29. 第二产业地区生产总值密度	0.2331	0.0391	
	30. 第二产业城镇单位就业人员比重（%）	0.0768	0.0186	
制造企业开放创新高质量	31. 地方一般公共预算支出中科学技术支出（%）	0.1477	0.0260	0.1970
	32. 货物出口额与规模以上工业总产值百分比（%）	0.1763	0.0306	
	33. 规模以上工业企业企均实际使用外资额（万美元/个）	0.0988	0.0326	
	34. 规模以上工业企业中港澳台商及外商投资企业数（个）	0.2155	0.0372	
	35. 规模以上工业企业企均拥有 R&D 人员（人/个）	0.0957	0.0244	
	36. 规模以上工业企业企均专利申请数（件/个）	0.1305	0.0227	
	37. 规模以上工业企业企均专利授权数（件/个）	0.1355	0.0235	
制造业民生共享高质量	38. 规模以上工业企业总数（个）	0.2179	0.0265	0.1263
	39. 万人拥有规模以上工业企业数（个/万人）	0.2335	0.0236	
	40. 每平方公里拥有规模以上企业数（个/平方公里）	0.3216	0.0321	
	41. 第二产业占地区生产总值比重（%）	0.1081	0.0121	
	42. 城镇登记失业率（%）	0.0849	0.0194	
	43. 在岗职工平均工资（元）	0.0339	0.0128	

表 2－58　　市域制造业高质量发展整体及各维度测度得分值

市域	总指数	制造业高质量发展保障与支撑	制造业绿色生态发展高质量	制造企业品质与品牌高质量	制造企业经营效率高质量	制造企业开放创新高质量	制造业民生共享高质量
贵阳	0.3513	0.6517	0.8825	0.1232	0.1940	0.1416	0.1300
六盘水	0.2391	0.3148	0.6944	0.0637	0.2064	0.0264	0.1237
遵义	0.2846	0.3488	0.9027	0.0790	0.2293	0.0434	0.1203
安顺	0.2531	0.2582	0.9278	0.0568	0.1300	0.0394	0.1176
毕节	0.2559	0.3235	0.9314	0.0511	0.1095	0.0264	0.0969
铜仁	0.2518	0.2464	0.8933	0.0493	0.1661	0.0289	0.1229
武汉	0.4499	0.6845	0.9868	0.3627	0.2282	0.2308	0.2207
黄石	0.2830	0.3204	0.9462	0.0881	0.1555	0.0546	0.1773
十堰	0.2705	0.2713	0.9511	0.0649	0.1660	0.0456	0.1711
宜昌	0.2960	0.2967	0.8800	0.1608	0.1747	0.0878	0.1917
襄阳	0.2806	0.2386	0.9280	0.1162	0.1952	0.0645	0.1755
鄂州	0.2873	0.3006	0.9487	0.0865	0.1861	0.0402	0.2065
荆门	0.2749	0.2786	0.9099	0.0813	0.2054	0.0451	0.1688
孝感	0.2850	0.2046	0.9430	0.0807	0.1812	0.1902	0.1387
荆州	0.2716	0.2671	0.9018	0.1089	0.1467	0.0435	0.1778
黄冈	0.2650	0.2340	0.9639	0.0729	0.1507	0.0291	0.1746
咸宁	0.2815	0.2958	0.9634	0.0840	0.1632	0.0410	0.1856
随州	0.2574	0.1952	0.9715	0.0568	0.1721	0.0252	0.1558
成都	0.4111	0.5314	0.9633	0.3236	0.1892	0.2480	0.2278
自贡	0.2530	0.1951	0.9803	0.0554	0.1802	0.0419	0.1393
攀枝花	0.2747	0.3641	0.8888	0.0592	0.1676	0.0669	0.1608
泸州	0.2850	0.3164	0.9738	0.0744	0.1796	0.0459	0.1560
德阳	0.2728	0.2677	0.9385	0.0684	0.1838	0.0472	0.1753
绵阳	0.2973	0.3206	0.9701	0.1156	0.1545	0.1064	0.1358
广元	0.2520	0.2171	0.9741	0.0764	0.1355	0.0285	0.1280

续表

市域	总指数	制造业高质量发展保障与支撑	制造业绿色生态发展高质量	制造企业品质与品牌高质量	制造企业经营效率高质量	制造企业开放创新高质量	制造业民生共享高质量
遂宁	0. 2629	0. 1261	0. 9869	0. 0575	0. 2911	0. 0329	0. 1173
内江	0. 2412	0. 1938	0. 9416	0. 0592	0. 1486	0. 0465	0. 1008
乐山	0. 2486	0. 2366	0. 9014	0. 0931	0. 1326	0. 0372	0. 1323
南充	0. 2654	0. 2494	0. 9858	0. 0573	0. 2052	0. 0249	0. 1150
眉山	0. 2384	0. 1315	0. 9564	0. 0798	0. 1643	0. 0252	0. 1202
宜宾	0. 2786	0. 2837	0. 9325	0. 1069	0. 1950	0. 0467	0. 1297
广安	0. 2686	0. 2211	0. 9576	0. 0656	0. 2199	0. 0226	0. 1244
达州	0. 2348	0. 2080	0. 9191	0. 0646	0. 1360	0. 0322	0. 0811
雅安	0. 2361	0. 2660	0. 9186	0. 0643	0. 0958	0. 0394	0. 0958
巴中	0. 2568	0. 2213	0. 9651	0. 0592	0. 2045	0. 0216	0. 0904
资阳	0. 2356	0. 1060	0. 9812	0. 0612	0. 1647	0. 0264	0. 1277
南昌	0. 3590	0. 5768	0. 9795	0. 1274	0. 2012	0. 1239	0. 1814
景德镇	0. 2687	0. 3384	0. 9457	0. 0582	0. 1532	0. 0367	0. 1243
萍乡	0. 2713	0. 2819	0. 8758	0. 0605	0. 2238	0. 0619	0. 1538
九江	0. 2919	0. 2872	0. 9211	0. 0812	0. 2755	0. 0491	0. 1557
新余	0. 2869	0. 3834	0. 9210	0. 0632	0. 1814	0. 0630	0. 1526
鹰潭	0. 2733	0. 2315	0. 9771	0. 0648	0. 1851	0. 0734	0. 1366
赣州	0. 2973	0. 3351	0. 9362	0. 1138	0. 1834	0. 0795	0. 1552
吉安	0. 2931	0. 2773	0. 9512	0. 0834	0. 2473	0. 0579	0. 1507
宜春	0. 2821	0. 2349	0. 8956	0. 1014	0. 2623	0. 0527	0. 1487
抚州	0. 2676	0. 2101	0. 9680	0. 0638	0. 1794	0. 0582	0. 1500
上饶	0. 2623	0. 2581	0. 8680	0. 0676	0. 1917	0. 0443	0. 1445
南京	0. 4492	0. 6838	0. 9758	0. 2946	0. 2339	0. 2841	0. 2417
无锡	0. 4119	0. 4673	0. 9686	0. 2985	0. 1932	0. 1825	0. 4153
徐州	0. 3416	0. 3383	0. 9807	0. 1264	0. 2960	0. 0901	0. 2152
常州	0. 3838	0. 3908	0. 9806	0. 2680	0. 2023	0. 1287	0. 3898

续表

市域	总指数	制造业高质量发展保障与支撑	制造业绿色生态发展高质量	制造企业品质与品牌高质量	制造企业经营效率高质量	制造企业开放创新高质量	制造业民生共享高质量
苏州	0. 4978	0. 4687	0. 9747	0. 5075	0. 1964	0. 3658	0. 5498
南通	0. 3661	0. 3321	0. 9871	0. 1876	0. 2319	0. 1440	0. 3357
连云港	0. 3099	0. 2779	0. 9785	0. 1122	0. 2272	0. 0778	0. 2017
淮安	0. 3221	0. 2357	0. 9816	0. 1830	0. 2447	0. 0749	0. 2222
盐城	0. 3219	0. 3023	0. 9749	0. 1336	0. 1952	0. 1013	0. 2402
扬州	0. 3445	0. 3102	0. 9879	0. 1605	0. 2384	0. 1141	0. 2799
镇江	0. 3570	0. 3678	0. 9857	0. 1790	0. 2064	0. 1520	0. 2781
泰州	0. 3374	0. 2741	0. 9921	0. 1568	0. 2565	0. 0947	0. 2900
宿迁	0. 2976	0. 3068	0. 9492	0. 0829	0. 1924	0. 0601	0. 2134
长沙	0. 4019	0. 5537	0. 9777	0. 3067	0. 2288	0. 1371	0. 2184
株洲	0. 2981	0. 3512	0. 9734	0. 1177	0. 1531	0. 0578	0. 1772
湘潭	0. 2952	0. 3625	0. 9639	0. 1091	0. 1620	0. 0642	0. 1577
衡阳	0. 2571	0. 2323	0. 9390	0. 0775	0. 1522	0. 0520	0. 1299
邵阳	0. 2434	0. 1589	0. 9473	0. 0577	0. 2018	0. 0281	0. 1208
岳阳	0. 2820	0. 2782	0. 9561	0. 1105	0. 2107	0. 0379	0. 1303
常德	0. 2900	0. 2249	0. 9828	0. 0855	0. 2867	0. 0373	0. 1531
张家界	0. 2210	0. 1849	0. 9485	0. 0228	0. 1079	0. 0312	0. 0548
益阳	0. 2524	0. 1756	0. 9701	0. 0856	0. 1507	0. 0314	0. 1459
郴州	0. 2622	0. 2310	0. 9589	0. 0661	0. 1721	0. 0385	0. 1341
永州	0. 2487	0. 1942	0. 9794	0. 0586	0. 1601	0. 0373	0. 0991
怀化	0. 2317	0. 1975	0. 9583	0. 0662	0. 1204	0. 0289	0. 0609
娄底	0. 2504	0. 2163	0. 9249	0. 0565	0. 1988	0. 0243	0. 1257
杭州	0. 4499	0. 6008	0. 9596	0. 4402	0. 1818	0. 2068	0. 3274
宁波	0. 4322	0. 4540	0. 9824	0. 3614	0. 2085	0. 1908	0. 4592
温州	0. 3605	0. 4163	0. 9813	0. 1997	0. 1554	0. 1213	0. 2984
嘉兴	0. 3657	0. 4002	0. 9752	0. 1645	0. 1662	0. 1387	0. 4420

续表

市域	总指数	制造业高质量发展保障与支撑	制造业绿色生态发展高质量	制造企业品质与品牌高质量	制造企业经营效率高质量	制造企业开放创新高质量	制造业民生共享高质量
湖州	0.3645	0.3373	0.9660	0.3131	0.1784	0.1118	0.3059
绍兴	0.4054	0.3848	0.9686	0.4134	0.1873	0.1575	0.3389
金华	0.3430	0.4063	0.9660	0.1409	0.1448	0.1575	0.2667
衢州	0.2850	0.2785	0.9214	0.0962	0.1514	0.0996	0.1813
舟山	0.2883	0.3257	0.9812	0.0734	0.0999	0.1258	0.1613
台州	0.3396	0.3603	0.9735	0.1569	0.1658	0.1093	0.2861
丽水	0.2921	0.3383	0.9477	0.0828	0.1221	0.1140	0.1567
昆明	0.3419	0.6027	0.8838	0.1628	0.1618	0.1381	0.1407
曲靖	0.2681	0.3255	0.8173	0.0657	0.2031	0.0355	0.1440
玉溪	0.2917	0.3085	0.8731	0.0901	0.2840	0.0531	0.1643
保山	0.2444	0.2376	0.9084	0.0764	0.1393	0.0191	0.0969
昭通	0.2495	0.2919	0.8656	0.0610	0.1599	0.0234	0.1215
丽江	0.2266	0.2899	0.8130	0.0647	0.0583	0.0572	0.0845
普洱	0.2240	0.2464	0.7801	0.0616	0.0993	0.0395	0.1097
临沧	0.2362	0.2485	0.9231	0.0640	0.0895	0.0240	0.0893
合肥	0.3884	0.5250	0.9763	0.2231	0.1808	0.2272	0.2083
芜湖	0.3249	0.3360	0.9584	0.1358	0.1730	0.1603	0.2315
蚌埠	0.2892	0.3053	0.9873	0.0750	0.1577	0.0711	0.1727
淮南	0.2593	0.2571	0.9040	0.0631	0.1350	0.0697	0.1435
马鞍山	0.3025	0.3053	0.9293	0.1235	0.1749	0.1033	0.2033
淮北	0.2835	0.2842	0.9671	0.0634	0.1804	0.0403	0.2027
铜陵	0.2999	0.3551	0.9597	0.0846	0.1568	0.0739	0.1938
安庆	0.2994	0.2856	0.9767	0.1201	0.2146	0.0431	0.1810
黄山	0.2638	0.2851	0.9773	0.0717	0.1282	0.0465	0.1132
滁州	0.2969	0.2775	0.9695	0.0815	0.2151	0.0591	0.2170
阜阳	0.2921	0.3105	0.9712	0.0994	0.1789	0.0349	0.1752

续表

市域	总指数	制造业高质量发展保障与支撑	制造业绿色生态发展高质量	制造企业品质与品牌高质量	制造企业经营效率高质量	制造企业开放创新高质量	制造业民生共享高质量
宿州	0.2585	0.2466	0.9719	0.0488	0.1440	0.0238	0.1444
六安	0.2776	0.2500	0.9867	0.1106	0.1179	0.0721	0.1513
亳州	0.2615	0.2534	0.9642	0.0640	0.1314	0.0354	0.1465
池州	0.2595	0.2403	0.9449	0.0561	0.1495	0.0503	0.1552
宣城	0.2801	0.2528	0.9557	0.0982	0.1660	0.0529	0.1798
石家庄	0.3631	0.4175	0.9721	0.3209	0.2073	0.0668	0.1841
唐山	0.3006	0.2881	0.8943	0.2016	0.1660	0.0559	0.2045
秦皇岛	0.3028	0.3951	0.9108	0.0997	0.1391	0.1507	0.1169
邯郸	0.2927	0.3077	0.9391	0.1927	0.1370	0.0394	0.1396
邢台	0.2981	0.2662	0.9233	0.2794	0.1195	0.0401	0.1305
保定	0.2929	0.2716	0.9207	0.2012	0.1375	0.0628	0.1536
张家口	0.2380	0.2153	0.8950	0.0805	0.1061	0.0415	0.1132
承德	0.2279	0.2308	0.8359	0.0673	0.1086	0.0344	0.1162
沧州	0.2725	0.2480	0.9832	0.0820	0.1349	0.0302	0.2047
廊坊	0.2970	0.3453	0.9664	0.1015	0.1242	0.0682	0.1838
衡水	0.2530	0.2039	0.9789	0.0747	0.1174	0.0385	0.1571
太原	0.3555	0.6700	0.9032	0.1147	0.1472	0.2374	0.1085
大同	0.2534	0.3028	0.8270	0.0718	0.1391	0.0776	0.1028
阳泉	0.2436	0.2924	0.8069	0.0603	0.1087	0.0764	0.1106
长治	0.2696	0.2824	0.8565	0.0693	0.2226	0.0442	0.1311
晋城	0.2570	0.2646	0.8211	0.0619	0.1833	0.0542	0.1235
朔州	0.2328	0.2488	0.8455	0.0556	0.1487	0.0364	0.0846
晋中	0.2615	0.3222	0.9192	0.0756	0.1211	0.0340	0.1239
运城	0.2313	0.2178	0.8294	0.0823	0.1070	0.0437	0.1089
忻州	0.2050	0.2139	0.7776	0.0478	0.1113	0.0219	0.0809
临汾	0.2245	0.2236	0.8531	0.0298	0.1415	0.0260	0.0809

续表

市域	总指数	制造业高质量发展保障与支撑	制造业绿色生态发展高质量	制造企业品质与品牌高质量	制造企业经营效率高质量	制造企业开放创新高质量	制造业民生共享高质量
吕梁	0.2068	0.2384	0.6264	0.0673	0.1712	0.0181	0.1060
呼和浩特	0.3179	0.5391	0.8356	0.0992	0.2200	0.1615	0.0712
包头	0.2932	0.4421	0.8563	0.1072	0.1520	0.0971	0.1078
乌海	0.2441	0.3210	0.7762	0.0611	0.1766	0.0221	0.1509
赤峰	0.2299	0.2047	0.8693	0.0866	0.1263	0.0259	0.0896
通辽	0.2258	0.1992	0.8424	0.0669	0.1694	0.0107	0.0866
鄂尔多斯	0.3124	0.3546	0.8860	0.1032	0.3444	0.0662	0.1246
呼伦贝尔	0.2291	0.2907	0.8023	0.0626	0.1254	0.0340	0.1044
巴彦淖尔	0.2099	0.2159	0.7999	0.0741	0.0965	0.0225	0.0882
乌兰察布	0.2153	0.1930	0.7995	0.0652	0.1388	0.0230	0.0874
沈阳	0.3565	0.4776	0.9663	0.2553	0.1461	0.1545	0.1523
大连	0.3659	0.4551	0.9552	0.2869	0.1481	0.1511	0.1836
鞍山	0.2601	0.2547	0.8181	0.1606	0.1370	0.0559	0.1403
抚顺	0.2359	0.1883	0.8378	0.0600	0.1935	0.0543	0.1394
本溪	0.2411	0.2648	0.8196	0.1067	0.1267	0.0584	0.1048
丹东	0.2233	0.1668	0.9070	0.0950	0.1016	0.0645	0.0795
锦州	0.2391	0.1406	0.9259	0.0791	0.1668	0.0784	0.1016
营口	0.2501	0.2508	0.8905	0.1245	0.1177	0.0367	0.1343
阜新	0.1865	0.1772	0.7080	0.0589	0.0924	0.0469	0.0776
辽阳	0.2393	0.1963	0.8400	0.0669	0.1866	0.0500	0.1352
盘锦	0.2580	0.2801	0.9576	0.0650	0.1028	0.0580	0.1362
铁岭	0.1992	0.1464	0.8413	0.0644	0.1037	0.0265	0.0515
朝阳	0.1904	0.1097	0.7868	0.0659	0.1128	0.0315	0.0702
葫芦岛	0.2205	0.1181	0.9048	0.0599	0.1644	0.0192	0.0867
长春	0.3568	0.3967	0.9868	0.2266	0.2354	0.1282	0.1753
吉林	0.2493	0.2401	0.8741	0.0893	0.1718	0.0318	0.1205

续表

市域	总指数	制造业高质量发展保障与支撑	制造业绿色生态发展高质量	制造企业品质与品牌高质量	制造企业经营效率高质量	制造企业开放创新高质量	制造业民生共享高质量
四平	0. 2293	0. 1667	0. 9273	0. 1001	0. 1141	0. 0132	0. 1164
辽源	0. 2456	0. 1353	0. 9831	0. 0721	0. 1405	0. 0166	0. 1570
通化	0. 2530	0. 1885	0. 9291	0. 1142	0. 1751	0. 0264	0. 1197
白山	0. 2272	0. 1879	0. 9425	0. 0541	0. 1231	0. 0126	0. 1286
松原	0. 2181	0. 1261	0. 9575	0. 0609	0. 0675	0. 0110	0. 1297
白城	0. 2196	0. 1441	0. 9593	0. 0693	0. 0920	0. 0348	0. 0544
哈尔滨	0. 3185	0. 3891	0. 9708	0. 1556	0. 1371	0. 1636	0. 1083
齐齐哈尔	0. 2111	0. 1461	0. 9188	0. 0758	0. 0899	0. 0232	0. 0623
鸡西	0. 2001	0. 2189	0. 7805	0. 0564	0. 1036	0. 0278	0. 0952
鹤岗	0. 1856	0. 2106	0. 6871	0. 0554	0. 1074	0. 0148	0. 1039
双鸭山	0. 1807	0. 1395	0. 7506	0. 0576	0. 1007	0. 0072	0. 0663
大庆	0. 2629	0. 2703	0. 9174	0. 0644	0. 2018	0. 0648	0. 1410
伊春	0. 1513	0. 1988	0. 5327	0. 0688	0. 0801	0. 0249	0. 0456
佳木斯	0. 2156	0. 1911	0. 9132	0. 0610	0. 0936	0. 0368	0. 0630
七台河	0. 1803	0. 1422	0. 6882	0. 0396	0. 1432	0. 0240	0. 0816
牡丹江	0. 2806	0. 2300	0. 9146	0. 0651	0. 3507	0. 0325	0. 1260
黑河	0. 1656	0. 1738	0. 6112	0. 0578	0. 0899	0. 0135	0. 0721
绥化	0. 2140	0. 0923	0. 9590	0. 0796	0. 1047	0. 0208	0. 0643
福州	0. 3682	0. 4643	0. 9788	0. 2493	0. 1797	0. 1469	0. 1959
厦门	0. 4114	0. 6270	0. 9751	0. 2041	0. 2204	0. 2153	0. 2840
莆田	0. 3172	0. 3529	0. 9681	0. 0955	0. 2400	0. 0455	0. 2072
三明	0. 2903	0. 3124	0. 9528	0. 0959	0. 1539	0. 0355	0. 2279
泉州	0. 4108	0. 4331	0. 9768	0. 2894	0. 2476	0. 1639	0. 3405
漳州	0. 3333	0. 3598	0. 9656	0. 1611	0. 2192	0. 0782	0. 2192
南平	0. 2696	0. 2167	0. 9772	0. 1081	0. 1586	0. 0321	0. 1649
龙岩	0. 2989	0. 3300	0. 9582	0. 0999	0. 1765	0. 0674	0. 1898

续表

市域	总指数	制造业高质量发展保障与支撑	制造业绿色生态发展高质量	制造企业品质与品牌高质量	制造企业经营效率高质量	制造企业开放创新高质量	制造业民生共享高质量
宁德	0. 2749	0. 2303	0. 9480	0. 1252	0. 1464	0. 0401	0. 1786
济南	0. 4018	0. 6160	0. 9779	0. 2760	0. 1747	0. 1597	0. 2043
青岛	0. 4266	0. 4860	0. 9858	0. 4420	0. 1791	0. 1966	0. 2399
淄博	0. 3552	0. 3827	0. 9594	0. 2465	0. 2415	0. 0597	0. 2577
枣庄	0. 3046	0. 3283	0. 9735	0. 1173	0. 1855	0. 0403	0. 2041
东营	0. 3344	0. 4097	0. 9684	0. 1651	0. 2122	0. 0608	0. 2229
烟台	0. 3725	0. 4012	0. 9529	0. 3266	0. 2147	0. 1073	0. 2054
潍坊	0. 3701	0. 3824	0. 9631	0. 3611	0. 1738	0. 0803	0. 2373
济宁	0. 3610	0. 3586	0. 9721	0. 3696	0. 1624	0. 0532	0. 2146
泰安	0. 3201	0. 3404	0. 9748	0. 1849	0. 1907	0. 0572	0. 1779
威海	0. 3348	0. 3606	0. 9721	0. 1505	0. 1973	0. 0935	0. 2534
日照	0. 2995	0. 3592	0. 9209	0. 1197	0. 1489	0. 0635	0. 1785
莱芜	0. 2824	0. 3056	0. 9319	0. 0496	0. 1680	0. 0618	0. 1973
临沂	0. 3506	0. 4131	0. 9591	0. 2447	0. 1720	0. 0368	0. 2673
德州	0. 3177	0. 2768	0. 9727	0. 2042	0. 1997	0. 0283	0. 2495
聊城	0. 2944	0. 3394	0. 9379	0. 1200	0. 1724	0. 0283	0. 2025
滨州	0. 2930	0. 2933	0. 9111	0. 1523	0. 1630	0. 0607	0. 1851
菏泽	0. 3012	0. 2774	0. 9763	0. 1251	0. 2200	0. 0188	0. 2321
郑州	0. 4095	0. 7387	0. 9690	0. 2150	0. 1968	0. 1585	0. 2321
开封	0. 2661	0. 2802	0. 9857	0. 0619	0. 1697	0. 0258	0. 1170
洛阳	0. 2943	0. 3383	0. 9566	0. 1170	0. 1587	0. 0709	0. 1460
平顶山	0. 2678	0. 2548	0. 9511	0. 0655	0. 1536	0. 0461	0. 1617
安阳	0. 2623	0. 2437	0. 9074	0. 0836	0. 1693	0. 0380	0. 1424
鹤壁	0. 2897	0. 3080	0. 9849	0. 0605	0. 1890	0. 0336	0. 2021
新乡	0. 2969	0. 3364	0. 9692	0. 1193	0. 1708	0. 0775	0. 1327
焦作	0. 2788	0. 2923	0. 9523	0. 0695	0. 2024	0. 0477	0. 1748

续表

市域	总指数	制造业高质量发展保障与支撑	制造业绿色生态发展高质量	制造企业品质与品牌高质量	制造企业经营效率高质量	制造企业开放创新高质量	制造业民生共享高质量
濮阳	0. 2851	0. 2588	0. 9901	0. 0690	0. 2044	0. 0293	0. 1725
许昌	0. 2967	0. 2617	0. 9847	0. 0645	0. 2296	0. 0626	0. 2047
漯河	0. 3045	0. 3017	0. 9830	0. 0635	0. 2724	0. 0416	0. 1961
三门峡	0. 2606	0. 2796	0. 9111	0. 0340	0. 1675	0. 0379	0. 1400
南阳	0. 2838	0. 2820	0. 9619	0. 1673	0. 1271	0. 0386	0. 1229
商丘	0. 2781	0. 2771	0. 9815	0. 0970	0. 1670	0. 0293	0. 1395
信阳	0. 2614	0. 2524	0. 9777	0. 0742	0. 1208	0. 0227	0. 1485
周口	0. 2869	0. 2016	0. 9934	0. 0958	0. 2932	0. 0218	0. 1385
驻马店	0. 2646	0. 1997	0. 9807	0. 0647	0. 1718	0. 0209	0. 1755
广州	0. 5402	0. 8010	0. 9860	0. 6146	0. 2153	0. 3253	0. 2945
韶关	0. 2779	0. 2570	0. 8893	0. 1406	0. 1639	0. 0714	0. 1314
深圳	0. 6547	0. 6866	0. 9706	0. 8403	0. 4065	0. 3836	0. 7565
珠海	0. 4295	0. 6739	0. 9838	0. 2088	0. 2090	0. 2630	0. 2811
汕头	0. 3203	0. 3215	0. 9761	0. 0840	0. 2195	0. 0881	0. 2700
佛山	0. 4818	0. 5755	0. 9689	0. 4128	0. 3004	0. 1889	0. 5158
江门	0. 3333	0. 3427	0. 9686	0. 1624	0. 1716	0. 1349	0. 2305
湛江	0. 2979	0. 3317	0. 9606	0. 0961	0. 1820	0. 0651	0. 1522
茂名	0. 3203	0. 2895	0. 9724	0. 0555	0. 3815	0. 0436	0. 1665
肇庆	0. 2854	0. 3167	0. 9024	0. 0731	0. 1763	0. 0597	0. 1838
惠州	0. 3878	0. 4079	0. 9787	0. 1817	0. 2005	0. 2983	0. 2575
梅州	0. 2606	0. 2411	0. 8405	0. 1023	0. 1559	0. 0716	0. 1363
汕尾	0. 2766	0. 2378	0. 9869	0. 0556	0. 1783	0. 0858	0. 1321
河源	0. 2721	0. 2590	0. 9598	0. 0488	0. 1492	0. 0691	0. 1664
阳江	0. 2669	0. 2390	0. 9405	0. 0790	0. 1655	0. 0621	0. 1397
清远	0. 2818	0. 2810	0. 9076	0. 1261	0. 1482	0. 0694	0. 1383
东莞	0. 5206	0. 7940	0. 9495	0. 2791	0. 2421	0. 3006	0. 7820

续表

市域	总指数	制造业高质量发展保障与支撑	制造业绿色生态发展高质量	制造企业品质与品牌高质量	制造企业经营效率高质量	制造企业开放创新高质量	制造业民生共享高质量
中山	0.4456	0.5970	0.9721	0.2640	0.2140	0.2377	0.4737
潮州	0.2998	0.3043	0.9719	0.0567	0.2166	0.0753	0.1952
揭阳	0.3019	0.3001	0.9703	0.0667	0.2296	0.0420	0.2354
云浮	0.2457	0.2549	0.8521	0.0563	0.1210	0.0399	0.1789
南宁	0.3243	0.5180	0.9658	0.1005	0.1796	0.0587	0.1465
柳州	0.3238	0.3772	0.9697	0.1538	0.1952	0.0822	0.1786
桂林	0.2907	0.3257	0.9623	0.0856	0.1550	0.0890	0.1266
梧州	0.3026	0.2681	0.9571	0.0563	0.3718	0.0350	0.1590
北海	0.3312	0.3149	0.9859	0.0473	0.4389	0.0527	0.1788
防城港	0.2647	0.2375	0.9568	0.0639	0.1844	0.0354	0.1892
钦州	0.2782	0.2260	0.9805	0.0638	0.2605	0.0222	0.1196
贵港	0.2449	0.2055	0.9056	0.0541	0.1458	0.0244	0.1569
玉林	0.2764	0.2771	0.9736	0.0614	0.1748	0.0154	0.1470
百色	0.2307	0.2207	0.8595	0.0678	0.1211	0.0139	0.1366
贺州	0.2462	0.2293	0.9379	0.0422	0.1222	0.0408	0.1273
河池	0.2300	0.2023	0.8236	0.0740	0.1463	0.0517	0.0859
来宾	0.2282	0.2072	0.9059	0.0645	0.0775	0.0234	0.1109
崇左	0.2621	0.1824	0.8836	0.0532	0.2664	0.0846	0.1405
海口	0.3635	0.6846	0.9798	0.0837	0.1423	0.1930	0.1118
三亚	0.3244	0.5115	0.9757	0.0566	0.1102	0.1771	0.1017
儋州	0.3271	0.2792	0.9635	0.0565	0.2068	0.2740	0.0502
拉萨	0.2384	0.5029	0.4230	0.0795	0.0541	0.1904	0.1272
西安	0.4274	0.6084	0.9765	0.2679	0.1468	0.3951	0.1441
铜川	0.2425	0.2598	0.9085	0.0577	0.1289	0.0151	0.1379
宝鸡	0.3065	0.2828	0.9382	0.1054	0.3105	0.0525	0.1718
咸阳	0.2980	0.3300	0.9579	0.0716	0.2574	0.0416	0.1801

续表

市域	总指数	制造业高质量发展保障与支撑	制造业绿色生态发展高质量	制造企业品质与品牌高质量	制造企业经营效率高质量	制造企业开放创新高质量	制造业民生共享高质量
渭南	0.2402	0.2262	0.8736	0.0642	0.1349	0.0362	0.1259
延安	0.2620	0.3210	0.9114	0.0789	0.1330	0.0450	0.1074
汉中	0.2508	0.2636	0.8697	0.0653	0.1499	0.0348	0.1379
榆林	0.2476	0.1343	0.8672	0.0894	0.2492	0.0230	0.1640
安康	0.2510	0.2587	0.9642	0.0640	0.1165	0.0142	0.1301
商洛	0.2487	0.2392	0.8780	0.0509	0.1812	0.0593	0.1060
兰州	0.3654	0.5918	0.9417	0.0973	0.2201	0.2131	0.1289
嘉峪关	0.2450	0.3981	0.7034	0.0205	0.1918	0.0297	0.1267
金昌	0.2421	0.2336	0.8075	0.0420	0.1458	0.0835	0.1559
白银	0.2519	0.2209	0.9309	0.0631	0.1223	0.0535	0.1405
天水	0.2517	0.2461	0.9129	0.0779	0.0931	0.0816	0.1027
武威	0.2178	0.2006	0.8859	0.0581	0.0729	0.0204	0.0923
张掖	0.2471	0.3045	0.8954	0.0503	0.0785	0.0742	0.0967
平凉	0.2192	0.2207	0.8411	0.0589	0.1324	0.0650	0.0608
酒泉	0.2238	0.2621	0.8643	0.0544	0.0823	0.0117	0.0959
庆阳	0.2770	0.2146	0.9620	0.0594	0.2095	0.1066	0.1401
定西	0.2105	0.2325	0.8084	0.0365	0.0737	0.0324	0.0811
陇南	0.2106	0.1949	0.8027	0.0700	0.1227	0.0251	0.0646
西宁	0.2987	0.4599	0.8957	0.1619	0.0958	0.0672	0.1276
海东	0.2198	0.1953	0.8798	0.0375	0.0891	0.0146	0.1209
银川	0.3157	0.5459	0.8821	0.1538	0.1307	0.1011	0.1166
石嘴山	0.2386	0.3210	0.7182	0.0741	0.1528	0.0506	0.1494
吴忠	0.2367	0.2766	0.8265	0.0755	0.0982	0.0262	0.1584
固原	0.2080	0.2449	0.7432	0.0586	0.0931	0.0468	0.0717
中卫	0.2151	0.2480	0.7366	0.0772	0.1021	0.0438	0.1000
乌鲁木齐	0.3323	0.5679	0.9256	0.1366	0.1322	0.1722	0.1079
克拉玛依	0.3419	0.4940	0.9572	0.0612	0.2479	0.0783	0.2374

三、中国市域制造业高质量发展聚类分析

从前述研究可以看出，无论是高质量发展的总体状况还是各细分维度状况，全国各市域间是不平衡，是有差距的。接着我们将对我国市域制造业高质量发展的差异进行聚类分析，并对若干典型市域进行全面剖析。

（一）总指数聚类

中国286个市域经济高质量发展评价平均得分为0.2886分，168个城市得分低于平均水平，其中195个城市（占比约68.18%）得分集中在0.2000～0.2999分（见图2－1），这表明制造业高质量发展整体水平为一般，有待改善；最高得分深圳0.6547分，第2名广州得分为0.5402分，第3名东莞得分为0.5206分。另有18个城市得分超过0.4000分，得分排在前10名的依次是深圳、广州、东莞、苏州、佛山、武汉、杭州、南京、中山、宁波，平均得分为0.4922分，明显高于全国平均水平，这10个市域经济相对发达，除武汉属于中部城市外，其余9个市域均属于东部地区，其中5个市属于广东省，2个市属于江苏省、2个市属于浙江省。排在第1名的得分是排在最后1名的4.33倍；前10名平均0.5310分，后10名平均0.2584分，前10名平均分是后10名的2.67倍；前50名平均0.3982分，后50名平均0.2158分，前50名平均分是后50名的1.85倍，这表明本研究报告分析的中国286个市域制造业高质量发展水平存在较大差异。

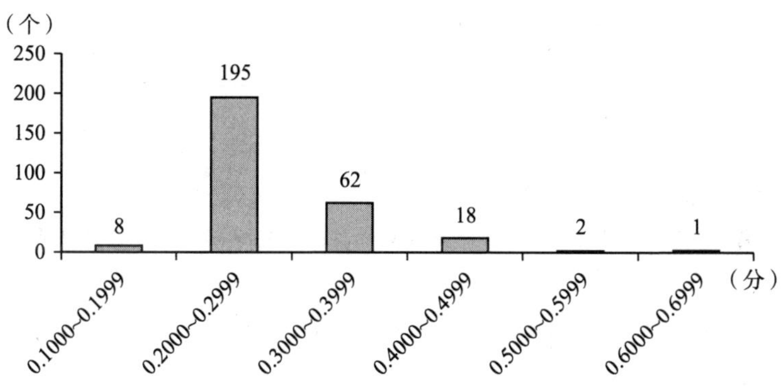

图2－1　中国市域制造业高质量发展总得分区间分布情况

制造业高质量发展总得分位于0.4000～0.4999分的共18个城市，平均为0.4308分。其中13个市属于东部地区、3个市属于中部地区、2个市属于西部地区。

制造业高质量发展总得分位于0.3000～0.3999分的共62个城市，平均为0.3378分。其中39个市属于东部地区、13个市属于西部地区、6个市属于中部地区、4个市属于东北部地区。

制造业高质量发展总得分位于0.2000～0.2999分的共195个城市，平均为0.2599分。其中72个市属于西部地区、71个市属于中部地区、30个市属于东部地区、22个市属于东北部地区。

制造业高质量发展总得分位于0.1000～0.1999分的共8个城市，平均为0.1799分。8个市均属于东北部地区。

（二）制造业高质量发展保障与支撑聚类

如图2－2所示，制造业高质量发展保障与支撑总得分位于0.8000～0.8999分的仅有广州市，得分为0.8010分，在制造业高质量发展保障与支撑中领先于其他城市。

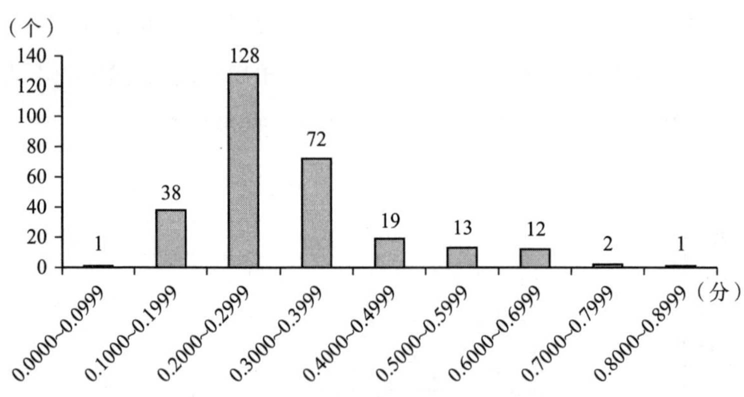

图2－2 中国市域制造业高质量发展保障与支撑得分区间分布情况

制造业高质量发展保障与支撑总得分位于0.7000～0.7999分的有东莞市（0.7940分）、郑州市（0.7387分），平均分0.7664分。

制造业高质量发展保障与支撑总得分位于0.6000~0.6999分的共有12个城市，平均得分0.6492分，其中7个市属于东部地区、2个市属于中部地区、3个市属于西部地区。

制造业高质量发展保障与支撑总得分位于0.5000~0.5999分的共有13个城市，平均得分0.5490分，其中3个市属于东部地区、3个市属于中部地区、7个市属于西部地区。

制造业高质量发展保障与支撑总得分位于0.4000~0.4999分的共有19个城市，平均得分0.4408分，其中14个市属于东部地区、2个市属于东北部地区、3个市属于西部地区。

制造业高质量发展保障与支撑总得分位于0.3000~0.3999分的共有72个城市，平均得分0.3370分，其中34个市属于东部地区、18个市属于中部地区、18个市属于西部地区、2个市属于东北部地区。

制造业高质量发展保障与支撑总得分位于0.2000~0.2999分的共有128个城市，平均得分0.2508分，其中25市属于东部地区、49个市属于中部地区、45个市属于西部地区、9个市属于东北部地区。

制造业高质量发展保障与支撑总得分位于0.1000~0.1999分的共有38个城市，平均得分0.1669分，其中20个市属于东北部地区、11个市属于中部地区、7个市属于西部地区。

制造业高质量发展保障与支撑总得分位于0.8000~0.8999分的仅有绥化市，得分为0.0923分，在制造业高质量发展保障与支撑维度中垫底。

（三）制造业绿色生态发展高质量聚类

如图2－3所示，制造业绿色生态发展高质量得分位于0.9500~0.9999分的有142个城市，平均0.9716分，其中63个市属于东部城市、46个市属于中部城市、24个市属于西部城市、9个市属于东北部城市。

制造业绿色生态发展高质量得分位于0.9000~0.9499分的有68个城市，平均0.9251分，其中16个市属于东部城市、21个市属于中部城市、21个市属于西部城市、10个市属于东北部城市。

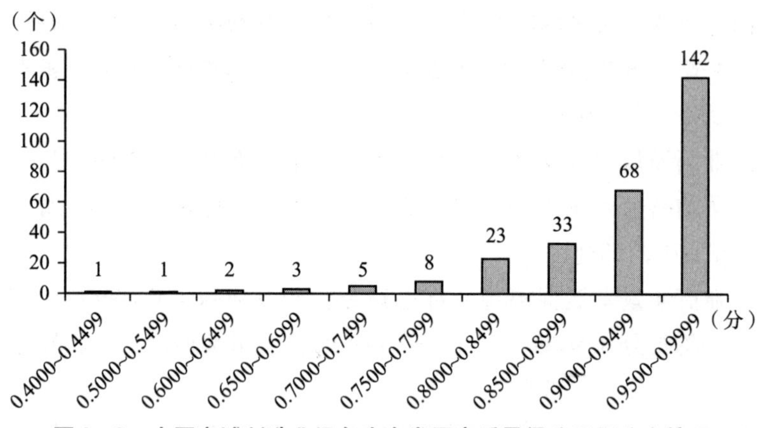

图2-3　中国市域制造业绿色生态发展高质量得分区间分布情况

制造业绿色生态发展高质量得分位于0.8500~0.8999分的有33个城市，平均得分0.8775分，其中4个市属于东部城市、6个市属于中部城市、21个市属于西部城市、2个市属于东北部城市。

制造业绿色生态发展高质量得分位于0.8000~0.8499分的有23个城市，平均0.8254分，其中62个市属于东部城市、5个市属于中部城市、11个市属于西部城市、5个市属于东北部城市。

制造业绿色生态发展高质量得分位于0.7500~0.7999分的有8个城市，平均0.7814分，其中1个市属于中部城市、4个市属于西部城市、3个市属于东北部城市。

制造业绿色生态发展高质量得分位于0.7000~0.7499分的有5个城市，平均0.7219分，其中4个市属于西部城市、1个市属于东北部城市。

制造业绿色生态发展高质量得分位于0.6500~0.6999分的有六盘水市（0.6944分）、七台河市（0.6882分）、鹤岗市（0.6871分），平均0.6899分，其中2个市属于东北部城市、1个市属于西部城市。

制造业绿色生态发展高质量得分位于0.6000~0.6499分的有吕梁市（0.6264分）、黑河市（0.6112分），平均0.6188分。

制造业绿色生态发展高质量得分位于0.5000~0.5499分的是伊春市（0.5327分），在制造业绿色生态发展高质量排名倒数第2名。

制造业绿色生态发展高质量得分位于0.4000~0.4499分的是拉萨市

(0.4230分)，在制造业绿色生态发展高质量排名垫底。

（四）制造企业品质与品牌高质量聚类

如图2－4所示，制造企业品质与品牌高质量得分位于0.8000～0.8999分的仅有深圳市，得分0.8403分，大幅领先于其他城市。

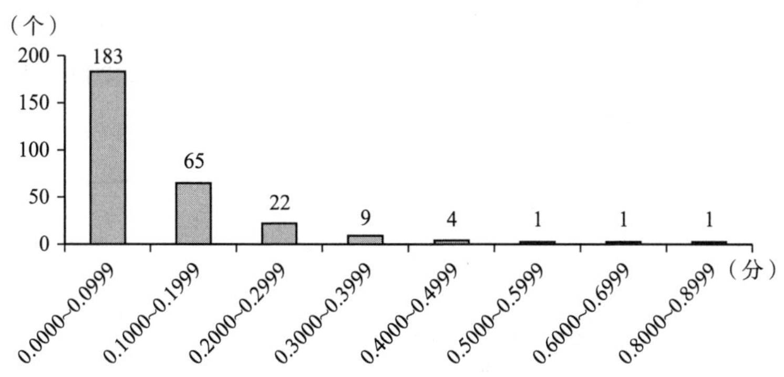

图2－4　中国市域制造企业品质与品牌高质量得分区间分布情况

制造企业品质与品牌高质量得分位于0.6000～0.6999分的仅有广州市，得分0.6146分，排名全国第2，落后第1名的深圳0.2257分。

制造企业品质与品牌高质量得分位于0.5000～0.5999分的仅有苏州市，得分0.5075分，排名全国第3，落后第1名的深圳0.3328分。

制造企业品质与品牌高质量得分位于0.4000～0.4999分的有青岛市(0.4420分)、杭州市(0.4402分)、绍兴市(0.4134分)、佛山市(0.4128分)，平均0.4217分，4个市均属于东部城市。

制造企业品质与品牌高质量得分位于0.3000～0.3999分的有9个城市，平均得分0.3384分，其中6个市属于东部城市、2个市属于中部城市、1个市属于西部城市。

制造企业品质与品牌高质量得分位于0.2000～0.2999分的有22个城市，平均0.2493分，其中16个市属于东部城市、2个市属于中部城市、1个市属于西部城市、3个市属于东北部城市。

制造企业品质与品牌高质量得分位于0.1000～0.1999分的有65个城市，

平均0.1355分，其中30个市属于东部城市、17个市属于中部城市、12个市属于西部城市、6个市属于东北部城市。

制造企业品质与品牌高质量得分位于0.4000～0.4999分的有183个城市，平均0.0676分，其中26个市属于东部城市、59个市属于中部城市、73个市属于西部城市、25个市属于东北部城市。

（五）制造企业经营效率高质量聚类

如图2－5所示，制造企业经营效率高质量得分位于0.4000～0.4499分的有北海市（0.4389分）、深圳市（0.4065分）。

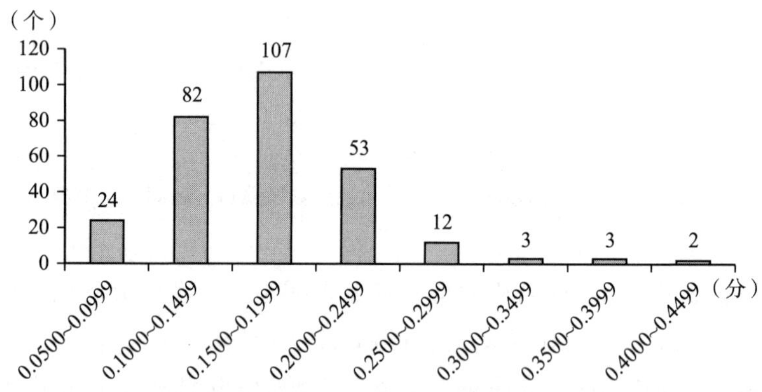

图2－5　中国市域制造企业经营效率高质量得分区间分布情况

制造企业经营效率高质量得分位于0.3500～0.3999分的有茂名市（0.3815分）、梧州市（0.3718分）、牡丹江市（0.3507分），平均0.3680分，分别属于东部城市、西部城市、东北部城市。

制造企业经营效率高质量得分位于0.3000～0.3499分的有鄂尔多斯市（0.3444分）、宝鸡市（0.3105分）、佛山市（0.3004分），平均0.3184分，其中2个市属于西部城市、1个市属于东部城市。

制造企业经营效率高质量得分位于0.2500～0.2999分的有12个城市，平均0.2752分，其中2个市属于东部城市、5个市属于中部城市、5个市属于西部城市。

制造企业经营效率高质量得分位于0.2000～0.2499分的有53个城市，

平均0.2200分，其中26个市属于东部城市、14个市属于中部城市、11个市属于西部城市、2个市属于东北部城市。

制造企业经营效率高质量得分位于0.1500~0.1999分的有107个城市，平均0.1735分，其中35个市属于东部城市、42个市属于中部城市、24个市属于西部城市、6个市属于东北部城市。

制造企业经营效率高质量得分位于0.1000~0.1499分的有82个城市，平均0.1285分，其中18个市属于东部城市、19个市属于中部城市、27个市属于西部城市、18个市属于东北部城市。

制造企业经营效率高质量得分位于0.0500~0.0999分的有24个城市，平均0.0855分，其中1个市属于东部城市、16个市属于西部城市、7个市属于东北部城市。

（六）制造企业开放创新高质量聚类

如图2-6所示，制造企业开放创新高质量得分位于0.3500~0.3999分的有西安市（0.3951分）、深圳市（0.3836分）、苏州市（0.3658分）。

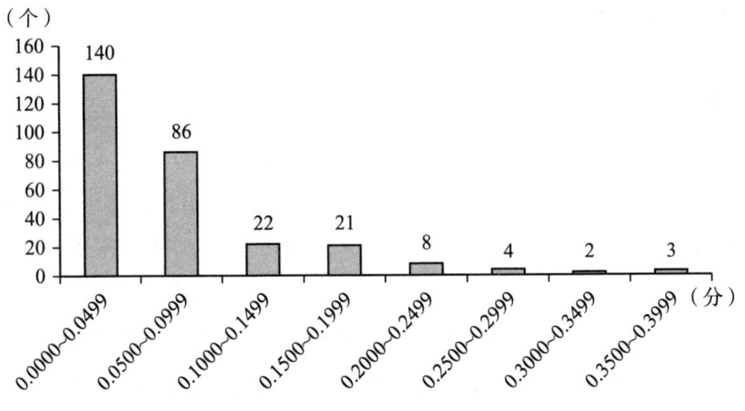

图2-6　中国市域制造企业开放创新高质量得分区间分布情况

制造企业开放创新高质量得分位于0.3000~0.3499分的有广州市（0.3253分）、东莞市（0.3006分）。

制造企业开放创新高质量得分位于0.2500~0.2999分的有惠州市

（0. 2983 分）、南京市（0. 2841 分）、儋州市（0. 2740 分）、珠海市（0. 2630 分），平均 0. 2799 分，均为东部城市。

制造企业开放创新高质量得分位于 0. 2000 ~ 0. 2499 分的有 8 个城市，平均得分 0. 2270 分，其中 3 个市属于东部城市、3 个市属于中部城市、2 个市属于西部城市。

制造企业开放创新高质量得分位于 0. 1500 ~ 0. 1999 分的有 21 个城市，平均得分 0. 1701 分，其中 12 个市属于东部城市、3 个市属于中部城市、3 个市属于西部城市、3 个市属于东北部城市。

制造企业开放创新高质量得分位于 0. 1000 ~ 0. 1499 分的有 22 个城市，平均得分 0. 1220 分，其中 13 个市属于东部城市、3 个市属于中部城市、5 个市属于西部城市、1 个市属于东北部城市。

制造企业开放创新高质量得分位于 0. 0500 ~ 0. 0999 分的有 86 个城市，平均得分 0. 0676 分，其中 31 个市属于东部城市、26 个市属于中部城市、21 个市属于西部城市、8 个市属于东北部城市。

制造企业开放创新高质量得分位于 0. 0000 ~ 0. 0499 分的有 140 个城市，平均得分 0. 0314 分，其中 18 个市属于东部城市、45 个市属于中部城市、55 个市属于西部城市、22 个市属于东北部城市。

（七）制造业民生共享高质量聚类

如图 2 -7 所示，制造业民生共享高质量得分位于 0. 7000 ~ 0. 7999 分的有东莞市（0. 7820 分）、深圳市（0. 7565 分），与其他城市相比有较大的优势。

制造业民生共享高质量得分位于区间 0. 5000 ~ 0. 5999 分的有苏州市（0. 5498 分）、佛山市（0. 5158 分）。

制造业民生共享高质量得分位于 0. 4000 ~ 0. 4999 分的有中山市（0. 4737 分）、宁波市（0. 4592 分）、嘉兴市（0. 4420 分）、无锡市（0. 4153 分），平均 0. 4475 分。

制造业民生共享高质量得分位于 0. 3000 ~ 0. 3999 分的有常州市（0. 3898 分）、泉州市（0. 3405 分）、绍兴市（0. 3389 分）、南通市（0. 3357 分）、杭州市（0. 3274 分）、湖州市（0. 3059 分），平均 0. 3397 分。

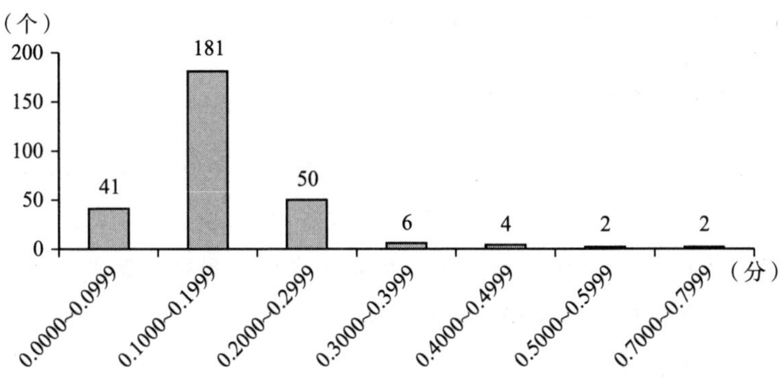

图 2－7　中国市域制造业民生共享高质量得分区间分布情况

以上 16 个城市均属于东部城市。

制造业民生共享高质量得分位于 0.2000～0.2999 分的有 50 个城市，平均 0.2351 分，其中 37 个市属于东部城市、11 个市属于中部城市、2 个市属于西部城市。

制造业民生共享高质量得分位于 0.1000～0.1999 分的有 181 个城市，平均 0.1439 分，其中 33 个市属于东部城市、63 个市属于中部城市、65 个市属于西部城市、20 个市属于东北部城市。

制造业民生共享高质量得分位于 0.0000～0.0999 分的有 41 个城市，平均 0.0778 分，其中 1 个市属于东部城市、6 个市属于中部城市、20 个市属于西部城市、14 个市属于东北部城市。

四、中国市域制造业高质量发展六维度分析

对中国 286 个市域从 6 个维度的发展进行分类评价，以便更加明晰各市域在制造业高质量发展不同方面的相对优势和劣势。在分析各维度高质量发展得分时我们绘制箱形图来了解得分分布情况。箱形图（box-plot）又称为盒须图、盒式图或箱线图，是一种用作显示一组数据分散情况资料的统计图。因形状如箱子而得名。它主要用于反映数据分布的特征，还可以进行多组数据分布特征的比较。箱形图的绘制方法是：先找出一组数据的最大值、最小值、中位数和两个四分位数；然后，连接两个四分位数画出“箱子”；再将

最大值和最小值与“箱子”相连接，中位数在“箱子”中间。

（一）制造业高质量发展保障与支撑维度评价

制造业高质量发展保障与支撑包括城市建设、人口、教育与医疗保障等因素。我们共选取了城镇化率、人口自然增长率、城市认可度、万人拥有高等学校和中等职业学校教师数、万人拥有高等学校和中等职业学校学生数、万人拥有医院床位数、万人拥有执业医师（助理）数、地方一般公共预算支出中教育支出占比 8 个评价指标，综合评价市域制造业高质量发展保障与支撑维度水平。

由图 2－8 可知，286 个城市制造业高质量发展保障与支撑维度总体得分较低，平均分为 0. 3092 分，有 105 个城市（占比约 36. 71%）得分高于平均值。最高得分为广州市 0. 8010 分，显著高于其他城市；另有 26 个城市得分高于 0. 5115 分，近半数城市得分位于 0. 2307 ~0. 3433 分，最低得分为绥化 0. 0923 分。得分前 99 名情况如表 2－59 所示。

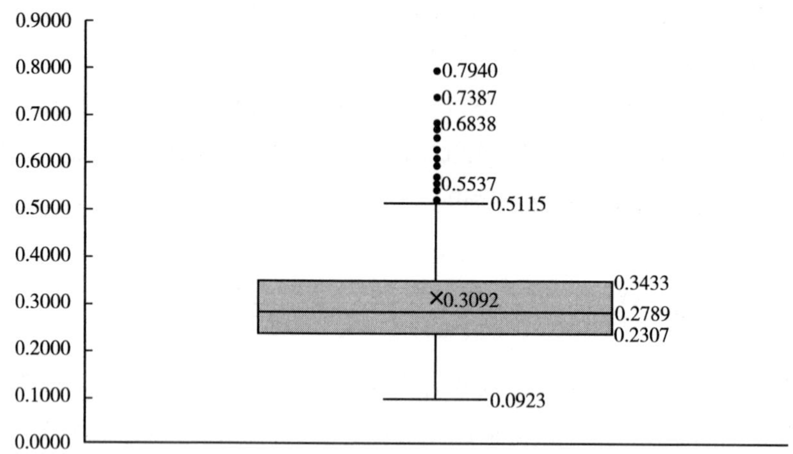

图 2－8　中国市域制造业高质量发展保障与支撑维度得分箱形图

表 2－59　中国市域制造业高质量发展保障与支撑维度 99 强得分及排名　单位：分

市域	制造业高质量发展保障与支撑	排名	市域	制造业高质量发展保障与支撑	排名	市域	制造业高质量发展保障与支撑	排名
广州	0.8010	1	福州	0.4643	34	鄂尔多斯	0.3546	67
东莞	0.7940	2	西宁	0.4599	35	莆田	0.3529	68
郑州	0.7387	3	大连	0.4551	36	株洲	0.3512	69
深圳	0.6866	4	宁波	0.4540	37	遵义	0.3488	70
海口	0.6846	5	包头	0.4421	38	廊坊	0.3453	71
武汉	0.6845	6	泉州	0.4331	39	江门	0.3427	72
南京	0.6838	7	石家庄	0.4175	40	泰安	0.3404	73
珠海	0.6739	8	温州	0.4163	41	聊城	0.3394	74
太原	0.6700	9	临沂	0.4131	42	景德镇	0.3384	75
贵阳	0.6517	10	东营	0.4097	43	洛阳	0.3383	76
厦门	0.6270	11	惠州	0.4079	44	丽水	0.3383	77
济南	0.6160	12	金华	0.4063	45	徐州	0.3383	78
西安	0.6084	13	烟台	0.4012	46	湖州	0.3373	79
昆明	0.6027	14	嘉兴	0.4002	47	新乡	0.3364	80
杭州	0.6008	15	嘉峪关	0.3981	48	芜湖	0.3360	81
中山	0.5970	16	长春	0.3967	49	赣州	0.3351	82
兰州	0.5918	17	秦皇岛	0.3951	50	南通	0.3321	83
南昌	0.5768	18	常州	0.3908	51	湛江	0.3317	84
佛山	0.5755	19	哈尔滨	0.3891	52	龙岩	0.3300	85
乌鲁木齐	0.5679	20	绍兴	0.3848	53	咸阳	0.3300	86
长沙	0.5537	21	新余	0.3834	54	枣庄	0.3283	87
银川	0.5459	22	淄博	0.3827	55	桂林	0.3257	88
呼和浩特	0.5391	23	潍坊	0.3824	56	舟山	0.3257	89
成都	0.5314	24	柳州	0.3772	57	曲靖	0.3255	90
合肥	0.5250	25	镇江	0.3678	58	毕节	0.3235	91
南宁	0.5180	26	攀枝花	0.3641	59	晋中	0.3222	92
三亚	0.5115	27	湘潭	0.3625	60	汕头	0.3215	93
拉萨	0.5029	28	威海	0.3606	61	石嘴山	0.3210	94
克拉玛依	0.4940	29	台州	0.3603	62	延安	0.3210	95
青岛	0.4860	30	漳州	0.3598	63	乌海	0.3210	96
沈阳	0.4776	31	日照	0.3592	64	绵阳	0.3206	97
苏州	0.4687	32	济宁	0.3586	65	黄石	0.3204	98
无锡	0.4673	33	铜陵	0.3551	66	肇庆	0.3167	99

由表2-59可知，排在前10名的依次为广州、东莞、郑州、深圳、海口、武汉、南京、珠海、太原、贵阳，其制造业高质量发展保障与支撑维度评价平均得分为0.7069分。排在后10名的依次为绥化、资阳、朝阳、葫芦岛、松原、遂宁、眉山、榆林、辽源、双鸭山，其制造业高质量发展保障与支撑维度评价平均得分为0.1219分，排在前10名的制造业高质量发展保障与支撑维度评价平均得分是排在后10名的5.80倍。

各个具体指标的差异分析如下：

在城镇化率指标中，全国平均值为56.00%，有128个城市（占比约44.76%）高于平均值，最高的是深圳市100%，最低的是绥化市27.60%，两市的极差值是72.40%。

在人口自然增长率指标中，全国平均值为2.26‰，有151个城市（占比约52.80%）高于平均值，最高的是深圳市25.18‰，最低的是锦州市-16.64‰，两市的极差值是41.82‰。

在城市认可度指标中，全国平均值为3.17分，有127个城市（占比约44.41%）高于平均值，最高的是烟台市8.94分，最低的是资阳、白城、邵阳、内江、达州、河池、吕梁、海东、汕尾、昭通10个市得分为0，两者的极差值是8.94分。

在万人拥有高等学校和中等职业学校教师数指标中，全国平均值为15.56人，有75个城市（占比约26.22%）高于平均值，最高的是太原市81.17人，最低的是七台河市2.20人，两市的极差值是78.97人。

在万人拥有高等学校和中等职业学校学生数指标中，全国平均值为281.89人，有79个城市（占比约27.62%）高于平均值，最高的是太原市1513.43人，最低的是鸡西市25.09人，两市的极差值是1488.34。

在万人拥有医院床位数指标中，全国平均值为45.27个，有107个城市（占比约37.41%）高于平均值，最高的是东莞市46.19个，最低的是海东市16.72个，两市的极差值是29.47个。

在万人拥有执业医师（助理）数指标中，全国平均值为24.83人，有103个城市（占比约36.01%）高于平均值，最高的是东莞市84.98人，最低的是广安市8.5人，两市的极差值是76.48人。

在地方一般公共预算支出中教育支出占比指标中，全国平均值为

17.29%，有152个城市（占比约53.15%）高于平均值，最高的是茂名市30.42%，最低的是焦作市1.72%，两市的极差值是28.70%。

（二）制造业绿色生态发展高质量维度评价

我们共选取了万元工业总产值工业废水排放量、万元工业总产值工业二氧化硫排放量、万元工业总产值工业氮氧化物排放量、万元工业总产值工业烟（粉）尘排放量、一般工业固体废物综合利用率、污水处理厂集中处理率、万元工业产值电耗7个指标来综合评价制造业绿色生态发展高质量。

由图2－9可知，286个城市制造业绿色生态发展高质量维度总体得分较高，平均分为0.9194分，有183个城市（占比约63.99%）得分高于平均值。最高得分为周口市0.9934分；另有14个城市得分低于0.7776分，显著落后于其他城市。半数城市得分位于0.8941～0.9721分，表明在评价制造业绿色生态发展高质量维度7个维度整体差异较小。得分前99名情况如表2－60所示。

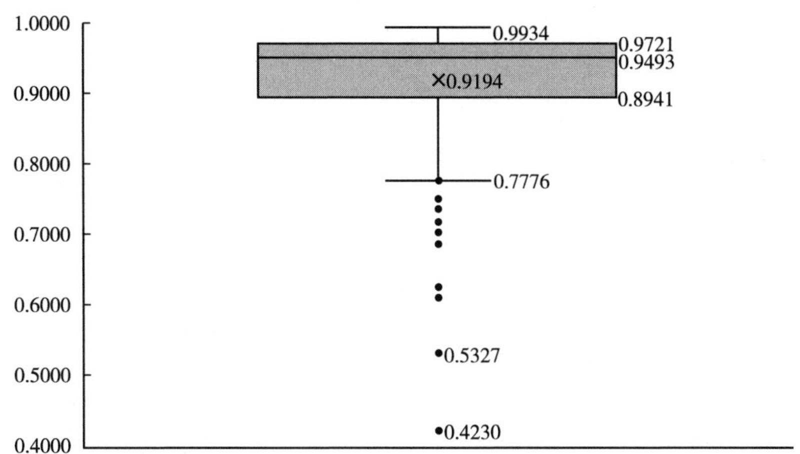

图2－9　中国市域制造业绿色生态发展高质量维度得分箱形图

表 2－60　中国市域制造业绿色生态发展高质量维度 99 强得分及排名

市域	制造业绿色生态发展高质量	排名	市域	制造业绿色生态发展高质量	排名	市域	制造业绿色生态发展高质量	排名
周口	0.9934	1	钦州	0.9805	34	株洲	0.9734	67
泰州	0.9921	2	自贡	0.9803	35	德州	0.9727	68
濮阳	0.9901	3	海口	0.9798	36	茂名	0.9724	69
扬州	0.9879	4	南昌	0.9795	37	威海	0.9721	70
蚌埠	0.9873	5	永州	0.9794	38	济宁	0.9721	71
南通	0.9871	6	衡水	0.9789	39	石家庄	0.9721	72
遂宁	0.9869	7	福州	0.9788	40	中山	0.9721	73
汕尾	0.9869	8	惠州	0.9787	41	潮州	0.9719	74
长春	0.9868	9	连云港	0.9785	42	宿州	0.9719	75
武汉	0.9868	10	济南	0.9779	43	随州	0.9715	76
六安	0.9867	11	长沙	0.9777	44	阜阳	0.9712	77
广州	0.9860	12	信阳	0.9777	45	哈尔滨	0.9708	78
北海	0.9859	13	黄山	0.9773	46	深圳	0.9706	79
南充	0.9858	14	南平	0.9772	47	揭阳	0.9703	80
青岛	0.9858	15	鹰潭	0.9771	48	绵阳	0.9701	81
开封	0.9857	16	泉州	0.9768	49	益阳	0.9701	82
镇江	0.9857	17	安庆	0.9767	50	柳州	0.9697	83
鹤壁	0.9849	18	西安	0.9765	51	滁州	0.9695	84
许昌	0.9847	19	菏泽	0.9763	52	新乡	0.9692	85
珠海	0.9838	20	合肥	0.9763	53	郑州	0.9690	86
沧州	0.9832	21	汕头	0.9761	54	佛山	0.9689	87
辽源	0.9831	22	南京	0.9758	55	无锡	0.9686	88
漯河	0.9830	23	三亚	0.9757	56	绍兴	0.9686	89
常德	0.9828	24	嘉兴	0.9752	57	江门	0.9686	90
宁波	0.9824	25	厦门	0.9751	58	东营	0.9684	91
淮安	0.9816	26	盐城	0.9749	59	莆田	0.9681	92
商丘	0.9815	27	泰安	0.9748	60	抚州	0.9680	93
温州	0.9813	28	苏州	0.9747	61	淮北	0.9671	94
舟山	0.9812	29	广元	0.9741	62	廊坊	0.9664	95
资阳	0.9812	30	泸州	0.9738	63	沈阳	0.9663	96
徐州	0.9807	31	玉林	0.9736	64	金华	0.9660	97
驻马店	0.9807	32	枣庄	0.9735	65	湖州	0.9660	98
常州	0.9806	33	台州	0.9735	66	南宁	0.9658	99

由表2－60可知，排在前10名的依次为周口、泰州、濮阳、扬州、蚌埠、南通、遂宁、汕尾、长春、武汉，其制造业绿色生态发展高质量维度评价平均得分为0.9885分。排在后10名的依次为拉萨、伊春、黑河、吕梁、鹤岗、七台河、六盘水、嘉峪关、阜新、石嘴山，其制造业绿色生态发展高质量维度评价平均得分为0.6393分，排在前10名的制造业绿色生态发展高质量评价平均得分是排在后10名的1.55倍。

各个具体指标的差异分析如下：

在万元工业总产值工业废水排放量指标中，全国平均值为1.76吨/万元，有206个城市（占比约72.03%）低于平均值，最好的是儋州市0.09吨/万元，最差的是拉萨市48.45吨/万元，两市的极差值是48.36吨/万元。

在万元工业总产值工业二氧化硫排放量指标中，全国平均值为0.0012吨/万元，有205个城市（占比约71.68%）低于平均值，最高的是深圳市0.000004吨/万元，最低的是阜新市0.0147吨/万元，两市的极差值是0.014696吨/万元。

在万元工业总产值工业氮氧化物排放量指标中，全国平均值为0.0012吨/万元，有196个城市（占比约68.53%）低于平均值，最高的是随州市0.000012吨/万元，最低的是拉萨市0.0156吨/万元，两市的极差值是0.015588吨/万元。

在万元工业总产值工业烟（粉）尘排放量指标中，全国平均值为0.0030吨/万元，有210个城市（占比约73.43%）高于平均值，最高的是深圳市0.000004吨/万元，最低的是吕梁市0.0554吨/万元，两市的极差值是0.055396吨/万元。

在一般工业固体废物综合利用率指标中，全国平均值为75.77%，有186个城市（占比约65.03%）高于平均值，最高的是张家界、枣庄、汕尾市100%，最低的是商洛市0.24%，两者的极差值是99.76%。

在污水处理厂集中处理率指标中，全国平均值为90.50%，有184个城市（占比约64.34%）高于平均值，最高的是呼和浩特、晋城、铁岭、巴中、阜新、衡水、开封、永州市100%，最低的是平凉市30.00%，两者的极差值是70.00%。

在万元工业产值电耗指标中，全国平均值为615.50千瓦时/万元，有

205 个城市（占比约 71.69%）低于平均值，最好的是儋州市 37.41 千瓦时/万元，最差的是拉萨市 11675.68 千瓦时/万元，两市的极差值是 11638.27 千瓦时/万元。

（三）制造企业品质与品牌高质量维度评价

我们共选取了高竞争力企业、地理标志及驰名商标数、企业产品质量抽检合格率、国家绿色工厂企业与绿色供应链管理示范企业数、两化融合管理体系贯标试点企业数、高新技术企业认定数、国家高质量产业集群数量 7 个指标来综合评价制造企业品质与品牌高质量。

由图 2-10 可知，286 个城市制造企业品质与品牌高质量维度总体得分较低，平均分为 0.1167 分，有 82 个城市（占比约 28.67%）得分高于平均值。最高得分为深圳市 0.8403 分，大幅领先于其他城市；另有 32 个城市得分高于 0.2150 分，也显著高于其他城市。半数城市得分位于 0.0632 ~0.1251 分，表明在评价制造企业品质与品牌高质量维度 7 个维度中大多数城市与领先梯队有较大的差距。得分前 99 名情况如表 2-61 所示。

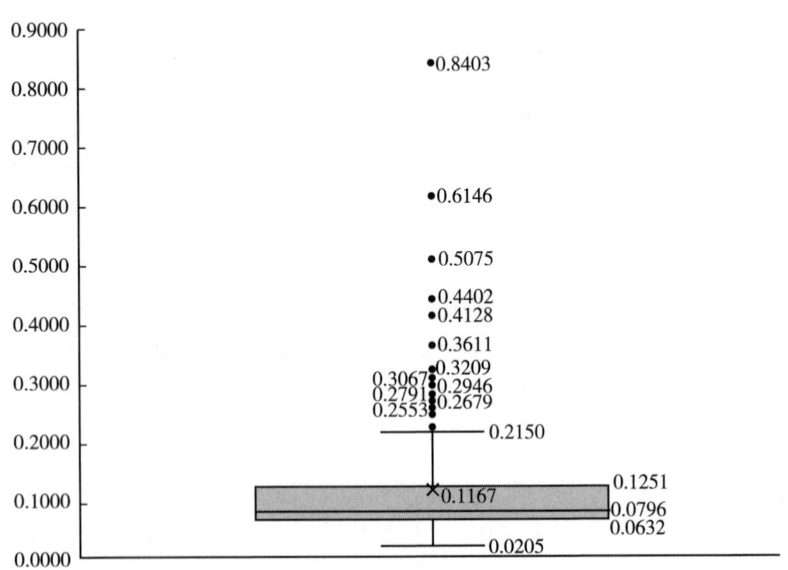

图 2-10　中国市域制造企业品质与品牌高质量维度得分箱形图

表2-61　中国市域制造企业品质与品牌高质量维度99强得分及排名

市域	制造企业品质与品牌高质量	排名	市域	制造企业品质与品牌高质量	排名	市域	制造企业品质与品牌高质量	排名
深圳	0.8403	1	珠海	0.2088	34	盐城	0.1336	67
广州	0.6146	2	德州	0.2042	35	南昌	0.1274	68
苏州	0.5075	3	厦门	0.2041	36	徐州	0.1264	69
青岛	0.4420	4	唐山	0.2016	37	清远	0.1261	70
杭州	0.4402	5	保定	0.2012	38	宁德	0.1252	71
绍兴	0.4134	6	温州	0.1997	39	菏泽	0.1251	72
佛山	0.4128	7	邯郸	0.1927	40	营口	0.1245	73
济宁	0.3696	8	南通	0.1876	41	马鞍山	0.1235	74
武汉	0.3627	9	泰安	0.1849	42	贵阳	0.1232	75
宁波	0.3614	10	淮安	0.1830	43	安庆	0.1201	76
潍坊	0.3611	11	惠州	0.1817	44	聊城	0.1200	77
烟台	0.3266	12	镇江	0.1790	45	日照	0.1197	78
成都	0.3236	13	南阳	0.1673	46	新乡	0.1193	79
石家庄	0.3209	14	东营	0.1651	47	株洲	0.1177	80
湖州	0.3131	15	嘉兴	0.1645	48	枣庄	0.1173	81
长沙	0.3067	16	昆明	0.1628	49	洛阳	0.1170	82
无锡	0.2985	17	江门	0.1624	50	襄阳	0.1162	83
南京	0.2946	18	西宁	0.1619	51	绵阳	0.1156	84
泉州	0.2894	19	漳州	0.1611	52	太原	0.1147	85
大连	0.2869	20	宜昌	0.1608	53	通化	0.1142	86
邢台	0.2794	21	鞍山	0.1606	54	赣州	0.1138	87
东莞	0.2791	22	扬州	0.1605	55	连云港	0.1122	88
济南	0.2760	23	台州	0.1569	56	六安	0.1106	89
常州	0.2680	24	泰州	0.1568	57	岳阳	0.1105	90
西安	0.2679	25	哈尔滨	0.1556	58	湘潭	0.1091	91
中山	0.2640	26	柳州	0.1538	59	荆州	0.1089	92
沈阳	0.2553	27	银川	0.1538	60	南平	0.1081	93
福州	0.2493	28	滨州	0.1523	61	包头	0.1072	94
淄博	0.2465	29	威海	0.1505	62	宜宾	0.1069	95
临沂	0.2447	30	金华	0.1409	63	本溪	0.1067	96
长春	0.2266	31	韶关	0.1406	64	宝鸡	0.1054	97
合肥	0.2231	32	乌鲁木齐	0.1366	65	鄂尔多斯	0.1032	98
郑州	0.2150	33	芜湖	0.1358	66	梅州	0.1023	99

由表2－61可知，排在前10名的依次为深圳、广州、苏州、青岛、杭州、绍兴、佛山、济宁、武汉、宁波，其制造企业品质与品牌高质量维度评价平均得分为0.4765分。排在后10名的依次为嘉峪关、张家界、临汾、三门峡、定西、海东、七台河、金昌、贺州、北海，其制造企业品质与品牌高质量维度评价平均得分为0.0352分，排在前10名的制造企业品质与品牌高质量评价平均得分是排在后10名的13.54倍。

各个具体指标的差异分析如下：

在高竞争力企业指标中，全国平均值为7.27个，有65个城市（占比约22.73%）高于平均值，最高的是杭州市103个，有77个城市暂无高竞争力企业，两者的极差值是103个。

在地理标志及驰名商标数指标中，全国平均值为23.68个，有85个城市（占比约29.72%）高于平均值，最高的是潍坊市156个，崇左、北海、防城港、来宾、克拉玛依5个市为0，两者的极差值是156个。

在企业产品质量抽检合格率指标中，全国平均值为93.60%，有178个城市（占比约62.24%）高于平均值，有36个城市为100%，最低的是嘉峪关市50.00%，两者的极差值是50.00%。

在国家绿色工厂企业与绿色供应链管理示范企业数指标中，全国平均值为2.58个，有86个城市（占比约30.01%）高于平均值，最高的是苏州、湖州市29个，有102个城市暂无，两者的极差值是29个。

在两化融合管理体系贯标试点企业数指标中，全国平均值为7.68个，有80个城市（占比约27.97%）高于平均值，最高的是深圳市124个，有51个城市暂无两化融合管理体系贯标试点企业，两者的极差值是124个。

在高新技术企业认定数指标中，全国平均值为814.38个，有53个城市（占比约18.53%）高于平均值，最高的是深圳、绍兴市20015个，最低的是儋州市2个，两者的极差值是20013个。

在国家高质量产业集群数量指标中，全国平均值为0.26个，有44个城市（占比约15.38%）高于平均值，最高的是邢台、济宁市4个，有242个城市暂无国家高质量产业集群，两者的极差值是4个。

（四）制造企业经营效率高质量维度评价

我们共选取了规模以上工业企业每万元资金的主营业务税金及附加、规模以上工业企业每万元资金增值税、规模以上工业企业每万元资金利润总额、规模以上工业企业企均产值、规模以上工业企业企均利润额、规模以上工业企业投入产出率、第二产业地区生产总值密度、第二产业城镇单位就业人员比重8个指标来综合评价制造企业经营效率高质量。

由图2－11可知，286个城市制造企业经营效率高质量维度总体得分较低，平均分为0.1714分，有133个城市（占比约46.50%）得分高于平均值。最高得分为北海市0.4389分，领先于其他城市；另有深圳、茂名、梧州、牡丹江、鄂尔多斯高于0.3004分，也显著高于其他城市。半数城市得分位于0.1344～0.2014分之间，表明在评价制造企业经营效率高质量维度8个指标各城市有较大的差距。得分前99名情况如表2－62所示。

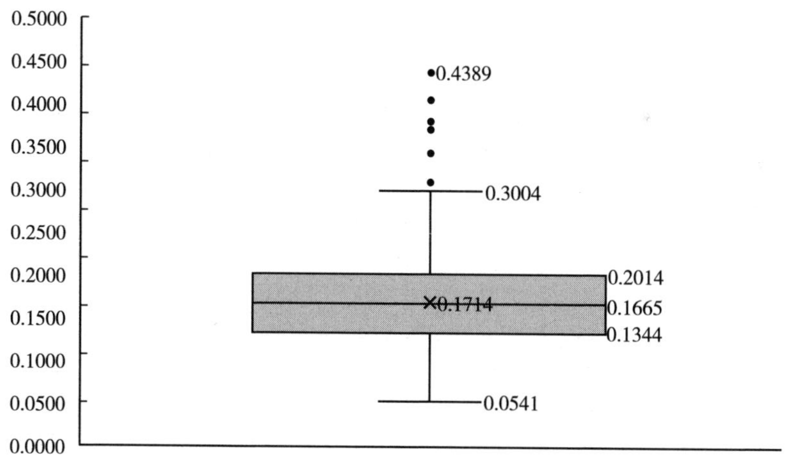

图2－11 中国市域制造企业经营效率高质量维度得分箱形图

表 2－62　　中国市域制造企业经营效率高质量维度 99 强得分及排名

市域	制造企业经营效率高质量	排名	市域	制造企业经营效率高质量	排名	市域	制造企业经营效率高质量	排名
北海	0.4389	1	揭阳	0.2296	34	曲靖	0.2031	67
深圳	0.4065	2	遵义	0.2293	35	焦作	0.2024	68
茂名	0.3815	3	长沙	0.2288	36	常州	0.2023	69
梧州	0.3718	4	武汉	0.2282	37	邵阳	0.2018	70
牡丹江	0.3507	5	连云港	0.2272	38	大庆	0.2018	71
鄂尔多斯	0.3444	6	萍乡	0.2238	39	南昌	0.2012	72
宝鸡	0.3105	7	长治	0.2226	40	惠州	0.2005	73
佛山	0.3004	8	厦门	0.2204	41	德州	0.1997	74
徐州	0.2960	9	兰州	0.2201	42	娄底	0.1988	75
周口	0.2932	10	菏泽	0.2200	43	威海	0.1973	76
遂宁	0.2911	11	呼和浩特	0.2200	44	郑州	0.1968	77
常德	0.2867	12	广安	0.2199	45	苏州	0.1964	78
玉溪	0.2840	13	汕头	0.2195	46	柳州	0.1952	79
九江	0.2755	14	漳州	0.2192	47	盐城	0.1952	80
漯河	0.2724	15	潮州	0.2166	48	襄阳	0.1952	81
崇左	0.2664	16	广州	0.2153	49	宜宾	0.1950	82
宜春	0.2623	17	滁州	0.2151	50	贵阳	0.1940	83
钦州	0.2605	18	烟台	0.2147	51	抚顺	0.1935	84
咸阳	0.2574	19	安庆	0.2146	52	无锡	0.1932	85
泰州	0.2565	20	中山	0.2140	53	宿迁	0.1924	86
榆林	0.2492	21	东营	0.2122	54	嘉峪关	0.1918	87
克拉玛依	0.2479	22	岳阳	0.2107	55	上饶	0.1917	88
泉州	0.2476	23	庆阳	0.2095	56	泰安	0.1907	89
吉安	0.2473	24	珠海	0.2090	57	成都	0.1892	90
淮安	0.2447	25	宁波	0.2085	58	鹤壁	0.1890	91
东莞	0.2421	26	石家庄	0.2073	59	绍兴	0.1873	92
淄博	0.2415	27	儋州	0.2068	60	辽阳	0.1866	93
莆田	0.2400	28	镇江	0.2064	61	鄂州	0.1861	94
扬州	0.2384	29	六盘水	0.2064	62	枣庄	0.1855	95
长春	0.2354	30	荆门	0.2054	63	鹰潭	0.1851	96
南京	0.2339	31	南充	0.2052	64	防城港	0.1844	97
南通	0.2319	32	巴中	0.2045	65	德阳	0.1838	98
许昌	0.2296	33	濮阳	0.2044	66	赣州	0.1834	99

由表2－62可知，排在前10名的依次为北海、深圳、茂名、梧州、牡丹江、鄂尔多斯、宝鸡、佛山、徐州、周口，其制造企业经营效率高质量维度评价平均得分为0.3494分。排在后10名的依次为拉萨、丽江、松原、武威、定西、来宾、张掖、伊春、酒泉、海东，其制造企业经营效率高质量维度评价平均得分为0.0734分，排在前10名的制造企业经营效率高质量评价平均得分是排在后10名的4.76倍。

各个具体指标的差异分析如下：

在规模以上工业企业每万元资金的主营业务税金及附加指标中，全国平均值为245.61元，有78个城市（占比约27.27%）高于平均值，最高的是牡丹江市2812元，最低的是丽江市16元，两市的极差值是2796元。

在规模以上工业企业每万元资金增值税指标中，全国平均值为340.10元，有110个城市（占比约38.46%）高于平均值，最高的是宝鸡市3174元，最低的是拉萨市－84元，两市的极差值是3258元。

在规模以上工业企业每万元资金利润总额指标中，全国平均值为822.94元，有120个城市（占比约41.96%）高于平均值，最高的是梧州市3438元，最低的是松原市－567元，两市的极差值是4005元。

在规模以上工业企业企均产值指标中，全国平均值为34995.51万元，有99个城市（占比约4.62%）高于平均值，最高的是儋州市449706.33万元，最低的是拉萨市1632.25万元，两市的极差值是448074.08万元。

在规模以上工业企业企均利润额指标中，全国平均值为1982.22万元，有103个城市（占比约36.01%）高于平均值，最高的是鄂尔多斯市20966.68万元，最低的是盘锦市－2533.52万元，两市的极差值是23500.20万元。

在规模以上工业企业投入产出率指标中，全国平均值为14.09%，有116个城市（占比约40.56%）高于平均值，最好的是牡丹江市54.88%，最差的是松原市－2.29%，两市的极差值是57.17%。

在第二产业地区生产总值密度指标中，全国平均值为1019.04万元/平方千米，有62个城市（占比约21.68%）高于平均值，最高的是深圳市46669.41万元/平方千米，最低的是黑河市1.54万元/平方千米，两市的极差值是46667.87万元/平方千米。

在第二产业城镇单位就业人员比重指标中，全国平均值为43.49%，有146个城市（占比约51.05%）高于平均值，最高的是南通市81.89%，最低的是儋州市6.0%，两市的极差值是75.89%。

（五）制造企业开放创新高质量维度评价

我们共选取了地方一般公共预算支出中科学技术支出占比、货物出口额与规模以上工业总产值百分比、规模以上工业企业企均实际使用外资额、规模以上工业企业中港澳台商及外商投资企业数、规模以上工业企业企均拥有R&D人员、规模以上工业企业企均专利申请数、规模以上工业企业企均专利授权数共7个指标来综合评价制造企业开放创新高质量。

由图2－12可知，286个城市制造企业开放创新高质量维度总体得分较低，平均分为0.0740分，有85个城市（占比约29.72%）得分高于平均值。最高得分为西安市0.3951分，领先于其他城市；另有31个城市得分高于0.1575分。半数城市得分位于0.0324～0.0825分。得分前99名情况如表2－63所示。

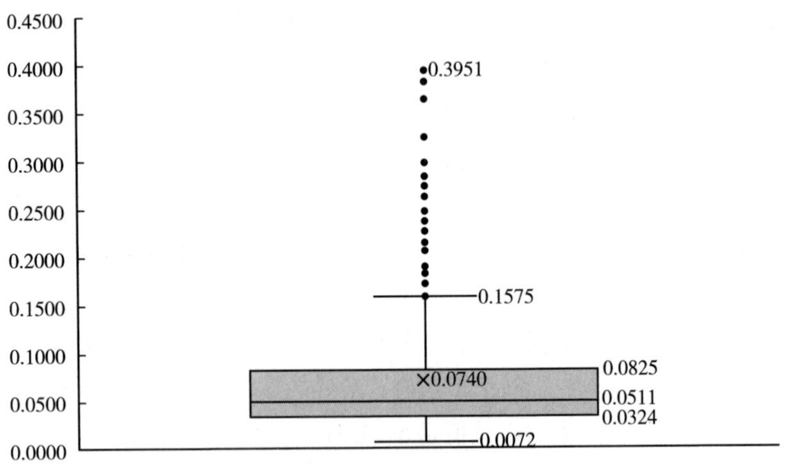

图2－12　中国市域制造企业开放创新高质量维度得分箱形图

表 2-63 中国市域制造企业开放创新高质量维度 99 强得分及排名

市域	制造企业开放创新高质量	排名	市域	制造企业开放创新高质量	排名	市域	制造企业开放创新高质量	排名
西安	0.3951	1	绍兴	0.1575	34	汕头	0.0881	67
深圳	0.3836	2	沈阳	0.1545	35	宜昌	0.0878	68
苏州	0.3658	3	镇江	0.1520	36	汕尾	0.0858	69
广州	0.3253	4	大连	0.1511	37	崇左	0.0846	70
东莞	0.3006	5	秦皇岛	0.1507	38	金昌	0.0835	71
惠州	0.2983	6	福州	0.1469	39	柳州	0.0822	72
南京	0.2841	7	南通	0.1440	40	天水	0.0816	73
儋州	0.2740	8	贵阳	0.1416	41	潍坊	0.0803	74
珠海	0.2630	9	嘉兴	0.1387	42	赣州	0.0795	75
成都	0.2480	10	昆明	0.1381	43	锦州	0.0784	76
中山	0.2377	11	长沙	0.1371	44	克拉玛依	0.0783	77
太原	0.2374	12	江门	0.1349	45	漳州	0.0782	78
武汉	0.2308	13	常州	0.1287	46	连云港	0.0778	79
合肥	0.2272	14	长春	0.1282	47	大同	0.0776	80
厦门	0.2153	15	舟山	0.1258	48	新乡	0.0775	81
兰州	0.2131	16	南昌	0.1239	49	阳泉	0.0764	82
杭州	0.2068	17	温州	0.1213	50	潮州	0.0753	83
青岛	0.1966	18	扬州	0.1141	51	淮安	0.0749	84
海口	0.1930	19	丽水	0.1140	52	张掖	0.0742	85
宁波	0.1908	20	湖州	0.1118	53	铜陵	0.0739	86
拉萨	0.1904	21	台州	0.1093	54	鹰潭	0.0734	87
孝感	0.1902	22	烟台	0.1073	55	六安	0.0721	88
佛山	0.1889	23	庆阳	0.1066	56	梅州	0.0716	89
无锡	0.1825	24	绵阳	0.1064	57	韶关	0.0714	90
三亚	0.1771	25	马鞍山	0.1033	58	蚌埠	0.0711	91
乌鲁木齐	0.1722	26	盐城	0.1013	59	洛阳	0.0709	92
泉州	0.1639	27	银川	0.1011	60	淮南	0.0697	93
哈尔滨	0.1636	28	衢州	0.0996	61	清远	0.0694	94
呼和浩特	0.1615	29	包头	0.0971	62	河源	0.0691	95
芜湖	0.1603	30	泰州	0.0947	63	廊坊	0.0682	96
济南	0.1597	31	威海	0.0935	64	龙岩	0.0674	97
郑州	0.1585	32	徐州	0.0901	65	西宁	0.0672	98
金华	0.1575	33	桂林	0.0890	66	攀枝花	0.0669	99

由表2-63可知，排在前10名的依次为西安、深圳、苏州、广州、东莞、惠州、南京、儋州、珠海、成都，其制造企业开放创新高质量维度评价平均得分为0.3138分。排在后10名的依次为双鸭山、通辽、松原、酒泉、白山、四平、黑河、百色、安康、海东，其制造企业开放创新高质量维度评价平均得分为0.0123分，排在前10名的制造企业开放创新高质量评价平均得分是排在后10名的25.51倍。

各个具体指标的差异分析如下：

在地方一般公共预算支出中科学技术支出占比指标中，全国平均值为1.75%，有96个城市（占比约33.57%）高于平均值，最高的是孝感市29.21%，最低的是双鸭山市0.07%，两市的极差值是29.14%。

在货物出口额与规模以上工业总产值百分比指标中，全国平均值为1.26%，有64个城市（占比约22.38%）高于平均值，最高的是拉萨市34.13%，最低的是攀枝花市0.00006%，两市的极差值是34.12994%。

在规模以上工业企业企均实际使用外资额指标中，全国平均值为66.50万美元，有86个城市（占比约30.07%）高于平均值，最高的是儋州市2208.17万美元，最低的是攀枝花市0.01万美元，两市的极差值是2208.16万美元。

在规模以上工业企业中港澳台商及外商投资企业数指标中，全国平均值为145.12个，有52个城市（占比约18.18%）高于平均值，最高的是苏州市4111个，商洛、金昌、陇南、平凉、固原、嘉峪关5个市为0个，两者极差值是4111个。

在规模以上工业企业企均拥有R&D人员指标中，全国平均值为12.31个/人，有92个城市（占比约32.17%）高于平均值，最高的是儋州市110.94人/个，最低的是黑河市0.13人/个，两市的极差值是110.81人/个。

在规模以上工业企业企均专利申请数指标中，全国平均值为6.50件/个，有92个城市（占比约32.17%）高于平均值，最高的是西安市56.56件/个，最低的是黑河市0.04件/个，两市的极差值是56.52件/个。

在规模以上工业企业企均专利授权数指标中，全国平均值为2.97件/个，有93个城市（占比约32.52%）高于平均值，最高的是西安市17.46件/个，最低的是黑河市0.01件/个，两市的极差值是17.45件/个。

（六）制造业民生共享高质量维度评价

我们共选取了规模以上工业企业总数、万人拥有规模以上工业企业数、每平方公里拥有规模以上企业数、第二产业占地区生产总值比重、城镇登记失业率、在岗职工平均工资共6个指标来综合评价制造业民生共享高质量。

由图2－13可知，286个城市制造业民生共享高质量维度总体得分较低，平均分为0.1658分，有106个城市（占比约37.06%）得分高于平均值。最高得分为东莞市0.7820分，领先于其他城市；另有深圳等14个城市得分高于0.2945分。半数城市得分位于0.1175～0.1893分，表明在评价制造业民生共享高质量维度6个指标中多数城市与领先城市有较大的差距。得分前99名情况如表2－64所示。

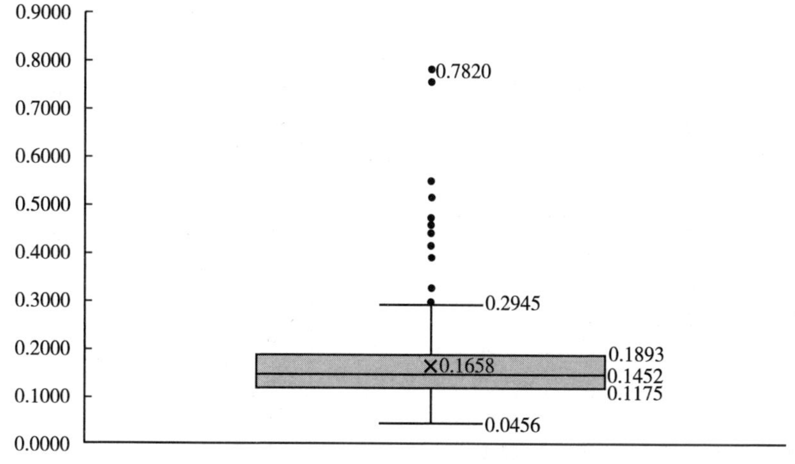

图2－13 中国市域制造业民生共享高质量维度得分箱形图

表 2 - 64　　中国市域制造业民生共享高质量维度 99 强得分及排名

市域	制造企业开放创新高质量	排名	市域	制造企业开放创新高质量	排名	市域	制造企业开放创新高质量	排名
东莞	0.7820	1	潍坊	0.2373	34	福州	0.1959	67
深圳	0.7565	2	揭阳	0.2354	35	潮州	0.1952	68
苏州	0.5498	3	郑州	0.2321	36	铜陵	0.1938	69
佛山	0.5158	4	菏泽	0.2321	37	宜昌	0.1917	70
中山	0.4737	5	芜湖	0.2315	38	龙岩	0.1898	71
宁波	0.4592	6	江门	0.2305	39	防城港	0.1892	72
嘉兴	0.4420	7	三明	0.2279	40	咸宁	0.1856	73
无锡	0.4153	8	成都	0.2278	41	滨州	0.1851	74
常州	0.3898	9	东营	0.2229	42	石家庄	0.1841	75
泉州	0.3405	10	淮安	0.2222	43	肇庆	0.1838	76
绍兴	0.3389	11	武汉	0.2207	44	廊坊	0.1838	77
南通	0.3357	12	漳州	0.2192	45	大连	0.1836	78
杭州	0.3274	13	长沙	0.2184	46	南昌	0.1814	79
湖州	0.3059	14	滁州	0.2170	47	衢州	0.1813	80
温州	0.2984	15	徐州	0.2152	48	安庆	0.1810	81
广州	0.2945	16	济宁	0.2146	49	咸阳	0.1801	82
泰州	0.2900	17	宿迁	0.2134	50	宣城	0.1798	83
台州	0.2861	18	合肥	0.2083	51	云浮	0.1789	84
厦门	0.2840	19	莆田	0.2072	52	北海	0.1788	85
珠海	0.2811	20	鄂州	0.2065	53	宁德	0.1786	86
扬州	0.2799	21	烟台	0.2054	54	柳州	0.1786	87
镇江	0.2781	22	许昌	0.2047	55	日照	0.1785	88
汕头	0.2700	23	沧州	0.2047	56	泰安	0.1779	89
临沂	0.2673	24	唐山	0.2045	57	荆州	0.1778	90
金华	0.2667	25	济南	0.2043	58	黄石	0.1773	91
淄博	0.2577	26	枣庄	0.2041	59	株洲	0.1772	92
惠州	0.2575	27	马鞍山	0.2033	60	襄阳	0.1755	93
威海	0.2534	28	淮北	0.2027	61	驻马店	0.1755	94
德州	0.2495	29	聊城	0.2025	62	德阳	0.1753	95
南京	0.2417	30	鹤壁	0.2021	63	长春	0.1753	96
盐城	0.2402	31	连云港	0.2017	64	阜阳	0.1752	97
青岛	0.2399	32	莱芜	0.1973	65	焦作	0.1748	98
克拉玛依	0.2374	33	漯河	0.1961	66	黄冈	0.1746	99

由表 2－64 可知，排在前 10 名的依次为东莞、深圳、苏州、佛山、中山、宁波、嘉兴、无锡、常州、泉州，其制造业民生共享高质量维度评价平均得分为 0.5125 分。排在后 10 名的依次为伊春、儋州、铁岭、白城、张家界、平凉、怀化、齐齐哈尔、佳木斯、绥化，其制造业民生共享高质量维度评价平均得分为 0.0568 分，排在前 10 名的制造业民生共享高质量评价平均得分是排在后 10 名的 9.02 倍。

各个具体指标的差异分析如下：

在规模以上工业企业总数指标中，全国平均值为 1196.74 个，有 92 个城市（占比约 32.17%）高于平均值，最高的是苏州市 9840 个，最低的是儋州市 18 个，两市的极差值是 9822 个。

在万人拥有规模以上工业企业数指标中，全国平均值为 2.80 个/万人，有 92 个城市（占比约 32.17%）高于平均值，最高的是东莞市 37.23 个/万人，最低的是儋州市 0.19 个/万人，两市的极差值是 37.04 个/万人。

在每平方公里拥有规模以上企业数指标中，全国平均值为 0.17（个/平方千米），有 71 个城市（占比约 24.84%）高于平均值，最高的是深圳市 3.98（个/平方千米），最低的是呼伦贝尔市 0.0006（个/平方千米），两市的极差值是 3.9794（个/平方千米）。

在第二产业占地区生产总值比重指标中，全国平均值为 44.00%，有 152 个城市（占比约 53.15%）高于平均值，最高的是咸阳市 71.34%，最低的是儋州市 12.00%，两市的极差值是 59.34%。

在城镇登记失业率指标中，全国平均值为 2.99%，有 130 个城市（占比约 45.45%）低于平均值，最高的是克拉玛依市 0.78%，最低的是铁岭市 4.90%，两市的极差值是 4.12%。

在在岗职工平均工资指标中，全国平均值为 64483.53 元，有 118 个城市（占比约 41.26%）高于平均值，最高的是拉萨市 111092 元，最低的是伊春市 38713 元，两市的极差值是 72379 元。

| 第三章 |

中国市域制造业高质量发展差异及不平衡分析

第一节 东、中、西和东北地区市域制造业高质量发展差异分析

东部地区是指河北、江苏、浙江、福建、山东、广东和海南7省；中部地区是指山西、安徽、江西、河南、湖北和湖南6省；西部地区是指内蒙古、广西、四川、贵州、云南、西藏、陕西、甘肃、青海、宁夏和新疆11省区；东北地区是指辽宁、吉林和黑龙江3省。东、中、西和东北四大区域是广为接受的划分，那么在制造业高质量发展问题上，四大区域的差异如何值得讨论，并在此基础上，寻找相应对策。

一、东、中、西和东北地区制造业高质量发展水平在全国所处地位

根据统计，东部地区包括95个市域，中部地区包括70个市域，西部地区包括87个市域，东北地区包括34个市域。

从制造业高质量发展总指数看，全国286个市域（以下简称全国市域）制造业高质量发展综合指数均值为0.2886，东部地区市域制造业高质量发展综合指数均值为0.3341，比全国市域的均值高0.0455，高出15.77个百分点；中部地区市域制造业高质量发展综合指数均值为0.2819，比全国市域的均值低0.0067，比东部地区综合指数均值低0.0522；西部地区市域制造业高质量发展综合指数均值为0.2647，比全国市域的均值低0.0239，比东部地区综合指数均值低0.0694，比中部地区综合指数均值低0.0172；东北地区市域制造业高质量发展综合指数均值为0.2362，比全国市域的均值低0.0524，比东部地区综合指数均值低0.0979，比中部地区综合指数均值低0.0457，比西部地区综合指数均值低0.0285，如图3－1所示。

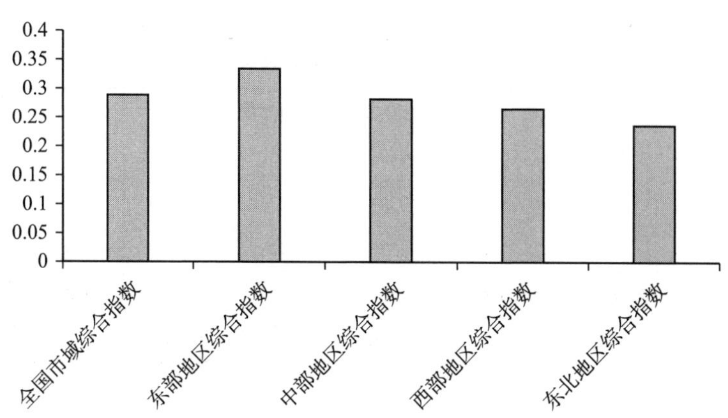

图3－1　四大区域与全国的制造业高质量发展综合指数

通过比较制造业高质量发展综合指数发现：四大区域制造业高质量发展水平排名依次为东部地区、中部地区、西部地区和东北地区；中部地区略低

于全国平均水平位于第二的位置，说明中部地区在制造业上的崛起工作取得了一定的成效。西部地区低于全国平均水平位于第三的位置，这充分说明西部大开发战略取得了一定的成果，但制造业的高质量发展仍需进一步加强。而东北地区除品质与品牌指数排名第二外，其他维度指数均是最低，说明东北地区的制造业高质量发展水平很低，有待进一步加强。东北地区制造业高质量发展要以习近平新时代中国特色社会主义思想为指导，以贯彻新发展理念为基本遵循，以建设现代化经济体系为基本目标，以供给侧结构性改革为主线，以质量第一、效益优先为导向，以技术创新和制度创新为动力，加快推动制造业发展质量变革、效率变革和动力变革，建成创新引领、协同发展的制造业产业体系，彰显优势、协调联动的制造业城乡区域发展体系，资源节约、环境友好的制造业绿色发展体系，多元平衡、安全高效的制造业全面开放体系，体现效率、促进公平的制造业收入分配体系，统一开放、竞争有序的制造业市场体系，以及充分发挥市场作用、更好发挥政府作用的经济体制，推动制造业实现更高质量、更有效率、更加公平更可持续的发展。

从表3－1中的制造业高质量发展六个细分维度看，四大区域在全国的情形分析如下。

表3－1　　　　四大区域制造业分维度高质量发展指数

区域	综合指数	保障与支撑	绿色生态	品质与品牌	经营效率	开放创新	民生共享
全国均值	0.2886	0.3092	0.9194	0.1167	0.1714	0.074	0.1658
东部地区	0.3341	0.3640	0.9582	0.1776	0.1841	0.1072	0.2337
中部地区	0.2819	0.2976	0.9327	0.0928	0.1799	0.0621	0.1521
西部地区	0.2647	0.2966	0.8880	0.0787	0.1646	0.0579	0.1258
东北地区	0.2362	0.2122	0.8636	0.0933	0.1360	0.0475	0.1066

（1）制造业高质量发展保障与支撑指数。全国市域的均值为0.3092，东部地区的指数为0.3640，高于全国市域均值的0.0548，可看出东部地区制造业高质量发展保障与支撑水平明显处于领先位置，说明东部地区在制造业高质量发展方面提供了很大的保障与支撑，为制造业转型升级、结构优化营造

了良好的环境，从而能够带动区域内制造业的高质量发展。中部地区、西部地区和东北地区低于全国平均水平，制造业高质量发展的保障与支撑方面有待改善。如图3－2所示。

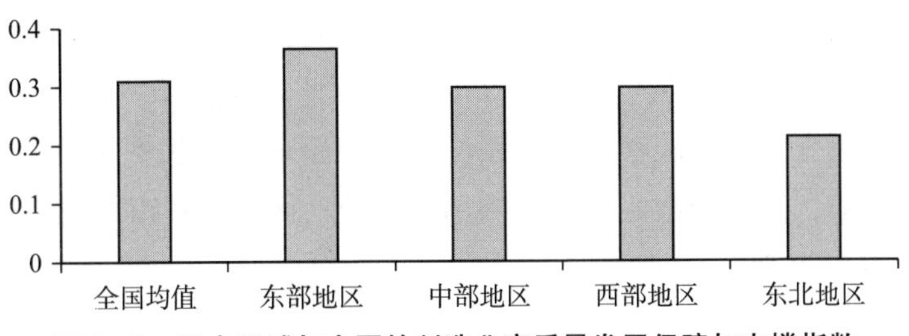

图3－2　四大区域与全国的制造业高质量发展保障与支撑指数

（2）制造业绿色生态发展高质量指数。全国市域的均值为0.9194，东部地区的指数为0.9582，高于全国市域均值的0.0388；中部地区的指数0.9327，高于全国市域均值的0.0133；西部地区和东北地区这两大区域均低于全国平均水平，可看出这两大区域制造业在绿色生态方面存在着较严峻的形势；相比较东部地区，西部地区和东北地区属于欠发达区域，在推动我国全面建成小康社会进程中起着重要作用，但是在经济发展追赶过程中过度地消耗资源和破坏了生态环境，这就要求转变发展理念和方式，经济要从高速增长转向高质量发展；加强资源的高效利用和对生态环境保护的重视，加强生态文明建设，始终将“绿水青山就是金山银山”理念融合到经济社会发展的决策中去，如图3－3所示。

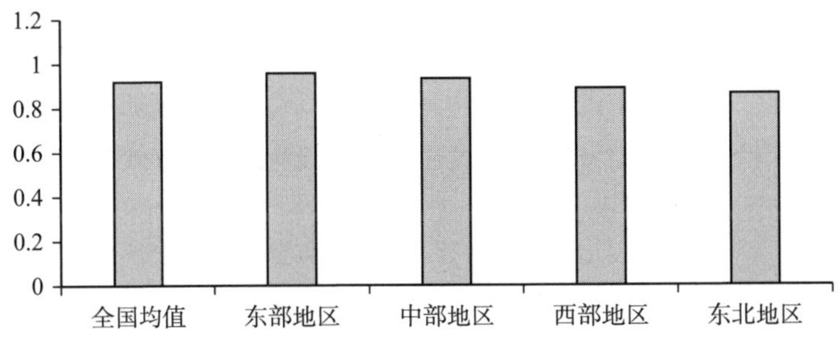

图3－3　四大区域与全国的制造业绿色生态发展高质量指数

（3）制造企业品质与品牌高质量发展指数。全国市域的均值为0.1167，东部地区的指数为0.1776，高于全国平均水平，位于第一名；其他三个地区均低于全国平均水平。它们的排序为东部地区（0.1776）、东北地区（0.0933）、中部地区（0.0928）和西部地区（0.0787）。制造企业品质与品牌发展高质量是我们评价区域制造业高质量发展的主要内核，在六维度权重中达0.1847，仅次于开放创新权重0.1970。因此从这点看，东部地区在全国制造业高质量发展中是能够起到引领作用的，而东北地区要加强依靠东北老工业基地优势，进行制造业产业结构调整，带动区域内各市的制造业高质量发展。如图3－4所示。

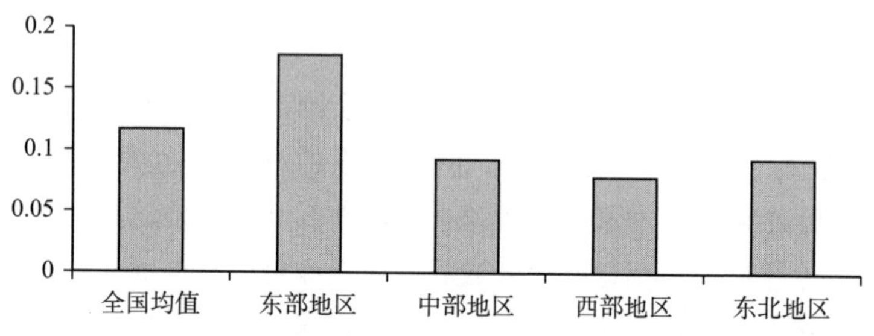

图3－4　四大区域与全国的制造企业品质与品牌高质量发展指数

（4）制造企业经营效率高质量发展指数。东部地区（0.1841）高于全国平均水平（0.1714），中部地区（0.1799）、西部地区（0.1646）和东北地区（0.1360）低于全国平均水平，且西部地区、东北地区与东部地区的差距较大。高质量发展是经济总量扩大到一定程度后，产业结构升级、新旧动能转换、区域协调发展、人民生活质量提高的结果。在高质量发展阶段，关键是要实现动力变革、质量变革和效率变革，提高全要素生产率，制造业高质量发展也是如此。因此，中部地区、西部地区和东北地区应加快制造企业转型的步伐，在保持一定的经济增长速度上加快制造业发展方式的转换和新旧动力的转换。如图3－5所示。

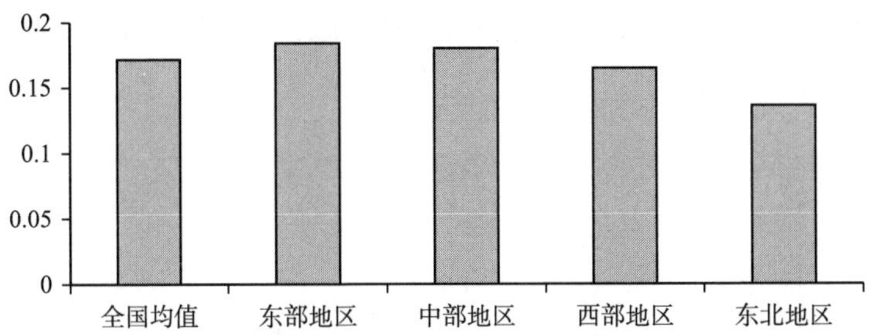

图 3-5　四大区域与全国的制造企业经营效率高质量发展指数

（5）制造企业开放创新高质量发展指数。全国市域的均值为0.074，东部地区的指数为0.1072，高于全国平均水平，位于第一名。中部地区、西部地区和东北地区均低于全国市域的均值，而东北地区则最低。

在我国当前现代化建设和全面对外开放格局下，作为我国制造企业开放创新的领头羊，东部地区发挥了地理区位优势和国家政策优势，开放创新水平具有极高的优势和较好的发展态势。而其他三个区域尽管纳入国家层面的战略规划，但是其开放创新水平明显低于东部地区。如图3-6所示。

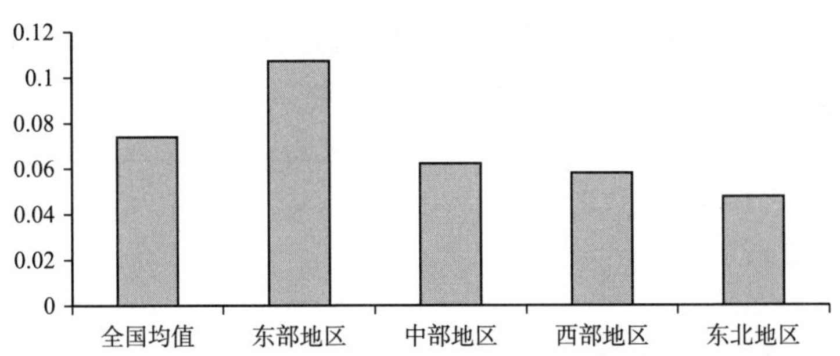

图 3-6　四大区域与全国的制造企业开放创新高质量发展指数

（6）制造业民生共享高质量发展指数。全国市域的均值为0.1658，东部地区（0.2337）高于全国平均水平。中部地区（0.1521）、西部地区（0.1258）和东北地区（0.1066）低于全国平均水平，其中东北地区的指数为最低。高质量发展的最终落脚点在于提高人民的生活水平和质量，包括教育、医疗、保险、就业等方面政策的完善，制造业高质量发展的落脚点也是如此。因此，东北地区应加快社会惠民政策的实施，完善社会保障机制，提高制造业高质量发展的民生共享水平，为高质量发展筑牢基石。如图 3 –7 所示。

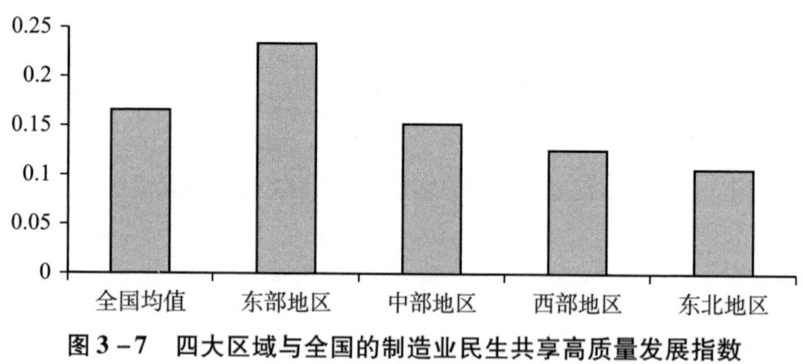

图 3 –7　四大区域与全国的制造业民生共享高质量发展指数

二、四大区域内市域间制造业高质量发展差异测度及影响因素分析

（一）四大区域内市域间制造业高质量发展差异测度及影响因素分析

一个区域内部制造业细分区域的协调、均衡发展是保障该区域制造业全面、有效互动、持续高质量发展的基础，测度区域内市域间制造业高质量发展差异有助于我们观察、判断一个具体区域制造业可能的发展趋势。本研究报告用极差和标准差系数来测度四大区域内市域制造业高质量发展差异。具体如表 3 –2 所示。

表 3 –2　四大区域内市域间制造业高质量发展指数的极差及标准差系数

区域	差异指标	综合指数	保障与支撑	绿色生态	品质与品牌	经营效率	开放创新	民生共享
东部地区	极差	0. 4268	0. 5971	0. 1575	0. 7915	0. 3390	0. 3648	0. 7062
	标准差系数	0. 1835	0. 3354	0. 0416	0. 5529	0. 2787	0. 6063	0. 3851
中部地区	极差	0. 2449	0. 5798	0. 3670	0. 3399	0. 1861	0. 2192	0. 1773
	标准差系数	0. 1887	0. 3935	0. 0722	0. 7403	0. 2251	0. 7778	0. 2702

续表

区域	差异指标	综合指数	保障与支撑	绿色生态	品质与品牌	经营效率	开放创新	民生共享
西部地区	极差	0.2194	0.5457	0.5639	0.3031	0.3848	0.3844	0.1767
	标准差系数	0.1813	0.3564	0.0891	0.7916	0.3499	1.1658	0.3323
东北地区	极差	0.2146	0.3853	0.4541	0.2473	0.2832	0.1564	0.1380
	标准差系数	0.1787	0.3558	0.0851	0.5691	0.3699	0.7600	0.3077

从区域内制造业高质量发展综合指数的差异看，中部地区、东部地区、西部地区和东北地区市域间的差异依次减小，标准差系数分别为0.1887、0.1835、0.1813和0.1787。

四大区域市域间制造业高质量发展综合指数标准差系数，如图3－8所示。

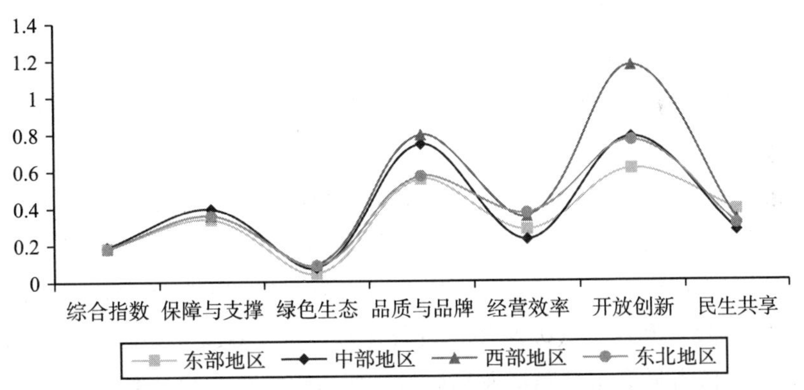

图3－8　四大区域市域间制造业高质量发展综合指数标准差系数

中部地区市域制造业高质量发展综合指数如武汉（0.4499）、郑州（0.4095）和长沙（0.4019）制造业高质量发展综合指数均在0.4以上，是全国市域平均水平的1.3倍以上。制造业高质量发展综合指数最低的忻州（0.2050）低于全国平均水平，且不到水平较强的武汉的1/2，在全国位于第277名。基于以上分析可发现，中部地区内各市域的制造业高质量发展水平有较大的差异，区域内制造业高质量发展不平衡、差异大。中部地区有武汉、郑州和长沙等多个制造业高质量发展水平较高的城市的引领和带动作用，对其他城市制造业发展的辐射功能能够起到整合效应，能发挥先发展地区带动后发展地区的作用。

东部地区市域制造业高质量发展综合指数的标准差系数为0.1835，略低于中部地区，市域高质量发展差异在四大区域中位于第2名。深圳（0.6547）、广州（0.5402）和东莞（0.5206）制造业高质量发展综合指数均在0.5以上，是全国市域平均水平的1.8倍以上，包揽全国前三名，尤其是深圳比位列全国第2名的广州高出0.1145。制造业高质量发展综合指数最低的承德（0.2279）低于全国平均水平，但不到水平超强的深圳的1/2，在全国位于第252名。基于以上分析可发现，东部地区内各市域的制造业高质量发展水平有较大的差异，区域内制造业高质量发展相对不平衡。东部地区有深圳、广州、东莞和苏州（0.4978）等多个制造业高质量发展水平极高的城市的引领和带动作用，对其他城市制造业发展的辐射功能能够起到整合效应，充分发挥先发展地区带动后发展地区的作用。

西部地区市域制造业高质量发展综合指数的极差为0.2194，标准差系数为0.1813，市域制造业高质量发展差异在四大区域中位于第3名，区域内高质量发展相对平衡。

东北地区市域制造业高质量发展综合指数的标准差系数为0.1787，市域制造业高质量发展差异在四大区域中是最小的，相对其他三个区域来说是较平衡的。东北地区制造业高质量发展综合指数在省域上如黑龙江（0.2138）、吉林（0.2499）和辽宁（0.2476）进行比较，也发现其差距较小，易得出结论：东北地区省域和市域制造业高质量发展差距较小，相对平衡。

（二）四大区域内市域间制造业高质量发展分维度差异分析

（1）从区域内制造业高质量发展保障与支撑指数的差异看（如图3－9所示），中部地区市域间的差异最大，其标准差系数为0.3935，高于西部地区的标准差系数0.3564、东北地区的标准差系数0.3558及东部地区的标准差系数0.3354。

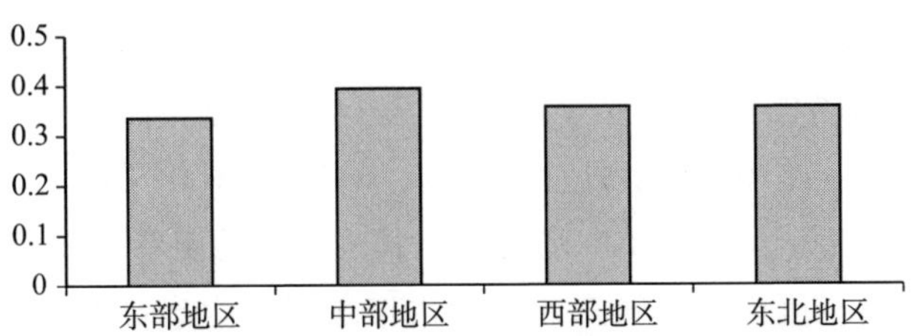

图 3－9　四大区域制造业高质量发展保障与支撑标准差系数

东北地区各市域的制造业高质量发展保障与支撑指数最低，但相对最平衡，极差和标准差系数均较小。沈阳（0.4776）、大连（0.4551）、长春（0.3967）和哈尔滨（0.3891）制造业高质量发展保障与支撑指数位于全国第 31 名、第 36 名、第 49 名和第 52 名，而盘锦（0.2801）、大庆（0.2703）、本溪（0.2648）、鞍山（0.2547）、营口（0.2508）和吉林（0.2401）位于全国第 141 名、第 158 名、第 164 名、第 179 名、第 183 名和第 198 名，其他 24 个市域全部位于全国 200 名之后。

中部地区市域的制造业高质量发展保障与支撑指数在四大区域中排第 2 位，略低于全国平均水平，但其标准差系数最大，故其在制造业高质量发展保障与支撑方面相对最不平衡。

（2）从区域内制造业绿色生态发展高质量指数的差异看，如图 3－10 所示，西部地区市域间的差异最大，其标准差系数为 0.0891，西部地区内绿色生态指数最高的遂宁（0.9869）比全国市域均值高 0.0675，全国排第 7 名。西部地区内绿色生态指数最低的拉萨（0.4230），全国排名最后。区域内 87 个市域中仅有 13 个市全国排在 100 名之前，大部分城市处于较低水平，位列全国 100 名之后。

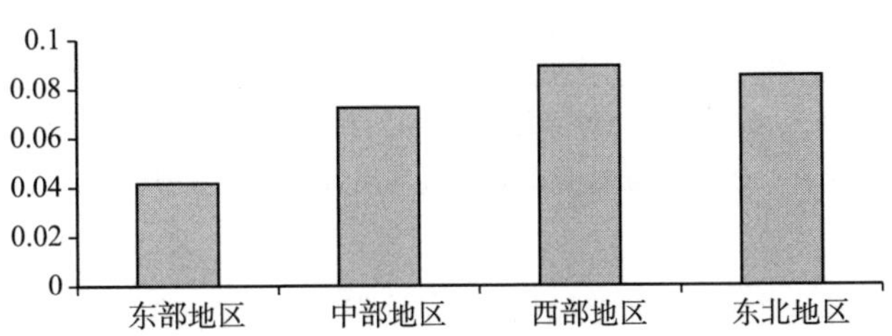

图 3－10　四大区域制造业绿色生态发展高质量标准差系数

东北地区市域间的差异度处于第 2 位，其标准差系数为 0.0851，其中位列前三的市域的绿色生态指数分别为长春（0.9868）、辽源（0.9831）和哈尔滨（0.9708），全国排名分别为第 9 名、第 22 名和第 78 名。区域内 34 个市域中仅有 4 个市全国排在 100 名之前，其中最低的伊春（0.5327），全国排名为倒数第 2 名。因此，尽管东北地区内市域绿色生态高质量发展差异小于西部地区，但大部分城市也是处于较低水平，位列全国 100 名之后。

中部地区市域间的差异度处于第 3 位，其标准差系数为 0.0722，与西部地区标准差系数 0.0891 相差不大，但是极差相差甚多，这就是说中西部地区总体差异大致相同，只是区域内城市相差甚多。如中部地区的绿色生态指数最高的周口（0.9934）位于全国第 1 名，而绿色生态指数最低的吕梁（0.6264）位于全国 283 名。

东部地区市域间的差异度最小，其标准差系数为 0.0416，与其他三大区域相比，在绿色生态发展上市域间相对平衡，而且相对比较靠前，如区域内绿色生态发展指数在全国排 100 名之前的有 59 个，占比 62.11%。这充分说明东北地区绿色生态高质量发展水平均处于较高水平，且在全国位于比较靠前的位置，绿色生态发展态势相对较好。

（3）从区域内制造企业品质与品牌高质量发展指数的差异看（如图 3－11 所示），东部地区内市域间的差异最小，其标准差系数分别为 0.5529，区域内市域间制造企业品质与品牌高质量发展比较均衡。

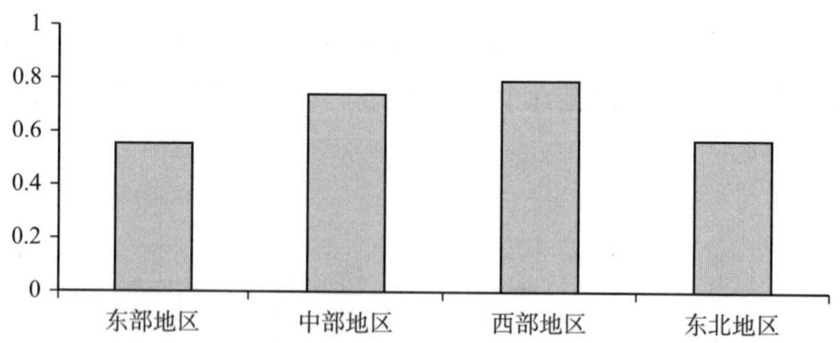

图 3－11　四大区域制造企业品质与品牌高质量发展标准差系数

西部地区制造企业品质与品牌高质量发展指数（0.0787）的标准化系数最大，为 0.7916，这表明，西部地区制造企业品质与品牌高质量发展差距最大，区域内市域间制造企业品质与品牌高质量发展不均衡。例如，西部地区制造企业品质与品牌高质量发展指数高的成都（0.3236）、西安（0.2679）和昆明（0.1628），远高于全国市域平均水平，在全国排名分别为第13名、第25名和第49名；市域制造企业品质与品牌高质量发展指数最低的嘉峪关（0.0205）与成都的极差为0.3031，全国排第286名。这反映了我国西部地区亟待改变制造业“大而不强”、核心关键技术仍然是瓶颈的状况。可看出除了成都、西安和昆明的制造企业品质与品牌高质量发展指数较高外，其他市域不具有优势，甚至处于较低的水平，这也反映了同区域内的市域制造企业品质与品牌高质量发展出现了一定程度的两极分化现象。

（4）从区域内制造企业经营效率高质量发展指数的差异看（如图3－12所示），中部地区内市域间的差异最小，其标准差系数为0.2251，区域内市域间制造企业经营效率高质量发展比较均衡。东北地区则是制造企业经营效率高质量发展指数的标准差系数最大，为0.3699，东北地区市域间制造企业经营效率高质量发展不均衡。例如，区域内制造企业经营效率高质量发展指数最高的牡丹江（0.3507）位列全国第5名，区域内制造企业经营效率高质量发展指数最低的松原（0.0675）位列全国第284名，区域内只有牡丹江、长春、大庆、抚顺和辽阳在全国排前100名，其余的市域排名均在全国排100名之后，这说明东北地区内市域间的制造企业经营效率高质量发展不仅差异大而且质量低。

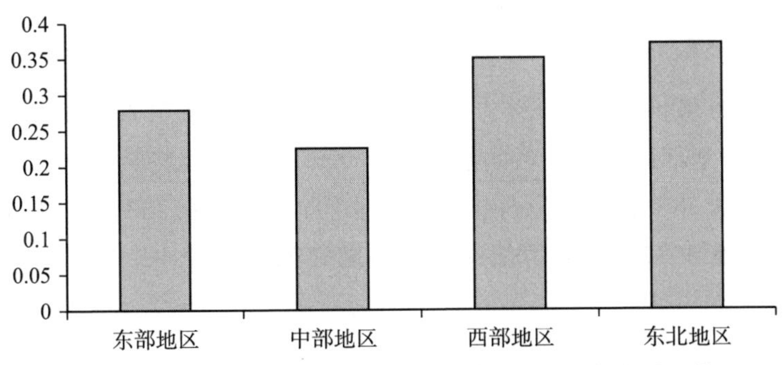

图3－12　四大区域制造业经营效率高质量发展标准差系数

（5）从区域内制造企业开放创新高质量发展指数的差异看（如图 3－13 所示），西部地区内市域间的开放创新高质量发展指数差异最大，其标准差系数为 1.1658，其次为中部地区，标准差系数为 0.7778，而东部地区内市域间的差异最小，其标准差系数为 0.6063。

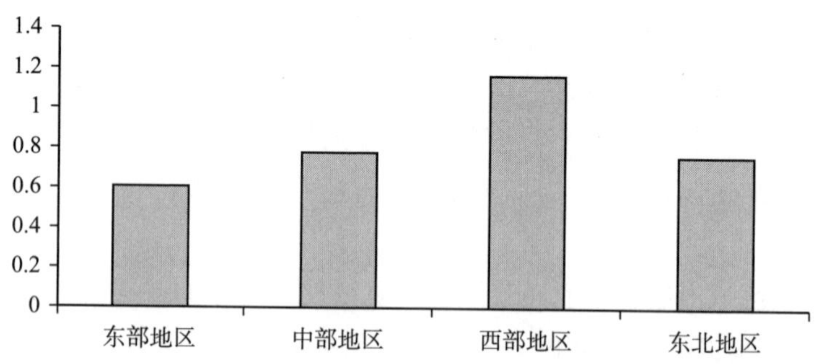

图 3－13　四大区域制造企业开放创新高质量发展标准差系数

西部地区在西部大开发政策的指导下，在开放创新高质量发展方面取得巨大的进步，但是区域间制造企业开放创新水平极不平衡。例如，区域内制造企业开放创新高质量发展指数最高的西安（0.3951）位列全国第 1 名，区域内制造企业开放创新高质量发展指数最低的通辽（0.0107）位列全国第 285 名，区域内只有 21 个市域的制造企业开放创新高质量发展指数在全国排前 100 名，其余的 66 市域排名均在全国排 100 名之后，占比 76%，而且其中有 39 个市域的开放创新高质量发展指数在全国排 200 名之后，占比 45%，这说明西部地区内市域间的制造企业开放创新高质量发展不仅差异大而且质量低。

（6）从区域内制造业民生共享高质量发展指数的差异看（如图 3－14 所示），首先，东部地区内市域间的民生共享高质量发展指数差异最大，其标准差系数为 0.3851；其次为西部地区，标准差系数为 0.3323，东北地区，标准差系数为 0.3077；最后中部地区内市域间的差异最小，其标准差系数为 0.2702。

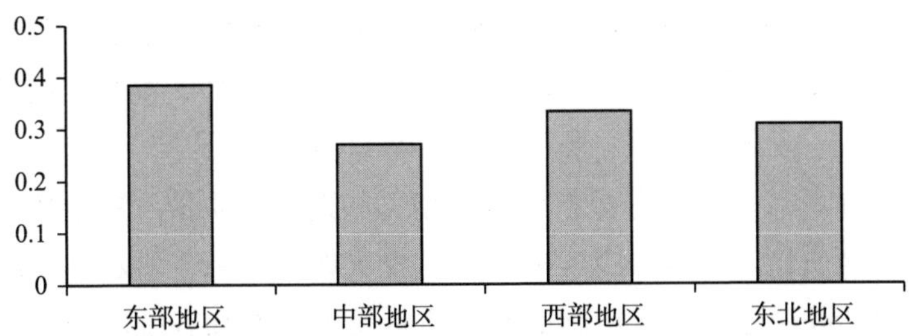

图 3－14　四大区域制造业民生共享高质量发展标准差系数

东部地区在制造业快速发展的过程中，不可避免地产生了收入不平衡等民生共享方面的高质量发展不均衡，这在一个方面印证了“先富带动后富”论述，另一方面也要求我们必须让充分释放的“发展红利”更多更公平地惠及每一个人。东部地区区域内制造业民生共享高质量发展现状距离保证全体人民在共建共享发展中有更多获得感，不断促进人的全面发展、全体人民共同富裕还有很长的路要走。

第二节　粤港澳[①]、长三角及京津冀三大区域制造业高质量发展比较研究

一、三大区域内各市域制造业高质量发展指数测度结果

我们将粤港澳、长三角和京津冀放到全国地级市域的视角（不包括 4 个直辖市及港澳台地区），多角度深入探讨三大区域制造业高质量发展状况，分析三大区域制造业高质量发展的优势和劣势。粤港澳包括：广州、深圳、珠海、佛山、惠州、东莞、中山、江门、肇庆等 9 个市；长三角包括：南京、无锡、常州、苏州、南通、盐城、扬州、镇江、泰州、杭州、宁波、嘉兴、

① 因为香港和澳门 2 个地区的情况和全国其他地级城市的差异较大，所以没有列入我们评价范围，最终粤港澳区域研究选择了广东的 9 个地级市域。

湖州、绍兴、金华、舟山、台州、合肥、芜湖、马鞍山、铜陵、安庆、滁州、池州、宣城等25个市；京津冀包括：保定、唐山、廊坊、沧州、秦皇岛、石家庄、张家口、承德、邯郸、邢台、衡水等11个市。

运用变异系数－主成分分析评价模型，制造业高质量发展指数测度和各维度制造业高质量发展指数测度中各指标权重如表2－57所示。考虑到文章篇幅，全国286个地级市域年制造业高质量发展指数和各维度制造业高质量发展指数未全部列出，只列出粤港澳大湾区9个市、长三角25个市和京津冀11个市的制造业高质量发展指数测度结果，如表3－3所示。

表3－3　粤港澳、长三角和京津冀内各市域制造业高质量发展指数

区域		综合指数	保障与支撑	绿色生态	品质与品牌	经营效率	开放创新	民生共享
粤港澳	广州	0.5402	0.8010	0.9860	0.6146	0.2153	0.3253	0.2945
	深圳	0.6547	0.6866	0.9706	0.8403	0.4065	0.3836	0.7565
	珠海	0.4295	0.6739	0.9838	0.2088	0.2090	0.2630	0.2811
	佛山	0.4818	0.5755	0.9689	0.4128	0.3004	0.1889	0.5158
	江门	0.3333	0.3427	0.9686	0.1624	0.1716	0.1349	0.2305
	肇庆	0.2854	0.3167	0.9024	0.0731	0.1763	0.0597	0.1838
	惠州	0.3878	0.4079	0.9787	0.1817	0.2005	0.2983	0.2575
	东莞	0.5206	0.7940	0.9495	0.2791	0.2421	0.3006	0.7820
	中山	0.4456	0.5970	0.9721	0.2640	0.2140	0.2377	0.4737
长三角	南京	0.4492	0.6838	0.9758	0.2946	0.2339	0.2841	0.2417
	无锡	0.4119	0.4673	0.9686	0.2985	0.1932	0.1825	0.4153
	常州	0.3838	0.3908	0.9806	0.2680	0.2023	0.1287	0.3898
	苏州	0.4978	0.4687	0.9747	0.5075	0.1964	0.3658	0.5498
	南通	0.3661	0.3321	0.9871	0.1876	0.2319	0.1440	0.3357
	盐城	0.3219	0.3023	0.9749	0.1336	0.1952	0.1013	0.2402
	扬州	0.3445	0.3102	0.9879	0.1605	0.2384	0.1141	0.2799
	镇江	0.3570	0.3678	0.9857	0.179	0.2064	0.1520	0.2781
	泰州	0.3374	0.2741	0.9921	0.1568	0.2565	0.0947	0.2900

续表

区域		综合指数	保障与支撑	绿色生态	品质与品牌	经营效率	开放创新	民生共享
长三角	杭州	0.4499	0.6008	0.9596	0.4402	0.1818	0.2068	0.3274
	宁波	0.4322	0.4540	0.9824	0.3614	0.2085	0.1908	0.4592
	嘉兴	0.3657	0.4002	0.9752	0.1645	0.1662	0.1387	0.4420
	湖州	0.3645	0.3373	0.9660	0.3131	0.1784	0.1118	0.3059
	绍兴	0.4054	0.3848	0.9686	0.4134	0.1873	0.1575	0.3389
	金华	0.3430	0.4063	0.9660	0.1409	0.1448	0.1575	0.2667
	舟山	0.2883	0.3257	0.9812	0.0734	0.0999	0.1258	0.1613
	台州	0.3396	0.3603	0.9735	0.1569	0.1658	0.1093	0.2861
	合肥	0.3884	0.5250	0.9763	0.2231	0.1808	0.2272	0.2083
	芜湖	0.3249	0.3360	0.9584	0.1358	0.1730	0.1603	0.2315
	马鞍山	0.3025	0.3053	0.9293	0.1235	0.1749	0.1033	0.2033
	铜陵	0.2999	0.3551	0.9597	0.0846	0.1568	0.0739	0.1938
	安庆	0.2994	0.2856	0.9767	0.1201	0.2146	0.0431	0.1810
	滁州	0.2969	0.2775	0.9695	0.0815	0.2151	0.0591	0.2170
	池州	0.2595	0.2403	0.9449	0.0561	0.1495	0.0503	0.1552
	宣城	0.2801	0.2528	0.9557	0.0982	0.1660	0.0529	0.1798
京津冀	保定	0.2929	0.2716	0.9207	0.2012	0.1375	0.0628	0.1536
	唐山	0.3006	0.2881	0.8943	0.2016	0.1660	0.0559	0.2045
	廊坊	0.2970	0.3453	0.9664	0.1015	0.1242	0.0682	0.1838
	沧州	0.2725	0.2480	0.9832	0.082	0.1349	0.0302	0.2047
	秦皇岛	0.3028	0.3951	0.9108	0.0997	0.1391	0.1507	0.1169
	石家庄	0.3631	0.4175	0.9721	0.3209	0.2073	0.0668	0.1841
	张家口	0.2380	0.2153	0.895	0.0805	0.1061	0.0415	0.1132
	承德	0.2279	0.2308	0.8359	0.0673	0.1086	0.0344	0.1162
	邯郸	0.2927	0.3077	0.9391	0.1927	0.1370	0.0394	0.1396
	邢台	0.2981	0.2662	0.9233	0.2794	0.1195	0.0401	0.1305
	衡水	0.2530	0.2039	0.9789	0.0747	0.1174	0.0385	0.1571

二、三大区域制造业高质量发展水平在全国所处地位

全国286个地级市域（以下简称全国市域）制造业高质量发展综合指数均值为0.2886，粤港澳、长三角和京津冀的制造业高质量发展指数，如表3-4、图3-15所示。

表3-4　　粤港澳、长三角和京津冀的制造业高质量发展指数

区域	综合指数	保障与支撑	绿色生态	品质与品牌	经营效率	开放创新	民生共享
全国均值	0.2886	0.3092	0.9194	0.1167	0.1714	0.0740	0.1658
粤港澳	0.4532	0.5773	0.9645	0.3374	0.2373	0.2436	0.4195
长三角	0.3564	0.3778	0.9708	0.2069	0.1887	0.1414	0.2871
京津冀	0.2853	0.2899	0.9291	0.1547	0.1361	0.0571	0.1549

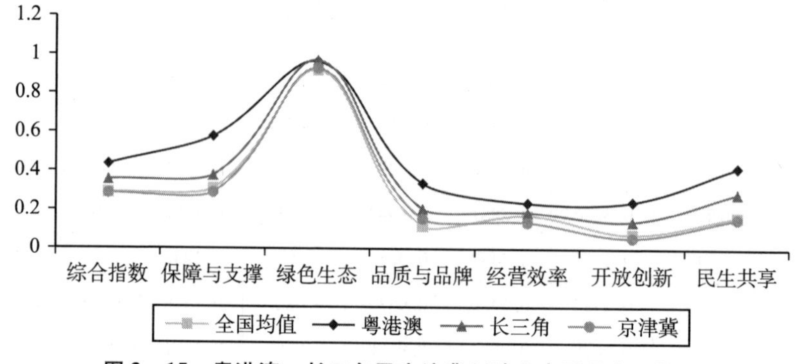

图3-15　粤港澳、长三角及京津冀制造业高质量发展指数

粤港澳制造业高质量发展综合指数为0.4532，比全国市域的均值高0.1646，是全国市域均值的近1.6倍。长三角制造业高质量发展综合指数（0.3564）比粤港澳低0.0968，但也比全国市域均值高0.1646。而京津冀的制造业高质量发展综合指数（0.2853）略低于全国市域均值，分别比粤港澳和长三角低0.1679和0.0711。在全国制造业高质量发展综合指数排前10名的市域中，5个位于粤港澳（深圳、东莞、广州、珠海和佛山），4个位于长

三角（杭州、苏州、南京和宁波），0个位于京津冀。

因此，粤港澳和长三角的制造业高质量发展总体水平远高于京津冀，在全国范围内也处于领先地位，且区域内均有多个市域的实力超强，能够对区域内其他城市起到极大的辐射和引领带动作用。京津冀11个市在高质量发展的许多方面还有很大的提升空间，考虑到这些地级市域环围着北京、天津两个直辖市，如果这11个市不加紧高质量发展进程，势必拖累京津两直辖市高质量发展进程。

（一）三大区域在全国细分维度分析

从六个细分维度看，三大区域在全国的情形分析如下。

（1）制造业高质量发展保障与支撑指数。全国市域的均值为0.3092，粤港澳的指数为0.5773，是全国市域均值的近1.9倍，可看出粤港澳制造业高质量发展保障与支撑明显处于领先位置，说明粤港澳在公共设施建设上具有明显的竞争优势，大力投资城镇的基础设施，从而提升居民的幸福指数。长三角的指数为0.3778，与粤港澳有一定的差距，但仍高出全国市域均值0.0686。京津冀的指数（0.2899）尽管略低于全国市域均值，但与粤港澳和长三角有较大的差距，说明京津冀除了北京和天津的知名度较高外，其他城市的基础公共设施的完善还存在很大的差距。

（2）制造业绿色生态高质量发展指数。全国市域的均值为0.9194，粤港澳的指数为0.9645，是全国市域均值的近1.05倍，可看出粤港澳制造业绿色生态高质量发展明显处于领先位置，说明粤港澳在对环境的保护方面花费了大量的心思，注重绿色制造、可持续发展。长三角的指数为0.9708，略高粤港澳0.0063，高于京津冀0.0417，同时也高出全国市域均值0.0514，这充分说明了长三角在发展制造业的同时，对于环境质量的关注也没有减少，相反，关注的力度逐步增强，将可持续发展落到了实处。京津冀（0.9291）略高于全国市域均值，但与粤港澳和长三角还是存在一定的差距。可看出三大区域的制造业对绿色生态方面都相当的重视，粤港澳、长三角和京津冀作为我国三大重要的战略区域，在推动我国现代化建设进程中起着引领和示范作用，也是我国实现制造强国的主战场，在制造业发展的过程中还得继续保持这种对环境的重视，继续加强对生态环境保护的重视，加强生态文明建设，始终将“绿水青山就是金山银山”理念融合到经济社会发展的决策中。

（3）制造企业品质与品牌高质量发展指数。全国市域的均值为0.1167，粤港澳的指数为0.3374，是全国市域均值的近2.9倍，可看出粤港澳制造企业品质与品牌高质量发展明显处于领先位置，充分说明粤港澳在对于企业的品质和品牌的打造上做出了更多的投资，吸引了更多优良的制造企业走进来，加快着粤港澳的发展。长三角的指数为0.2069，与粤港澳相比，还存在很大的差距，亟待进一步的提升，但仍高出全国市域均值0.0902。京津冀的指数（0.1547），远远落后于粤港澳（0.3374），也和长三角存在很大的差距，但仍高出全国市域均值0.038。企业发展高质量是我们评价区域经济高质量发展的主要内核，在六维度权重中达0.1847，仅次于开放创新权重0.1970。因此从这点看，粤港澳和长三角在全国制造业的高质量发展中是能够起到引领作用的，而京津冀各市要继续深化区域协调发展，以京津为核心，依靠东北老工业基地优势，带动区域内各市的制造业高质量发展。

（4）制造企业经营效率高质量发展指数。全国市域的均值为0.1714，粤港澳的指数为0.2873，比全国市域均值高出0.1159，长三角的指数（0.1887）与粤港澳有一定差距，但略高于全国平均水平。而京津冀的指数（0.1361）低于全国市域的均值。高质量发展是经济总量扩大到一定程度后，产业结构升级、新旧动能转换、区域协调发展、人民生活质量提高的结果。在高质量发展阶段，关键是要实现动力变革、质量变革和效率变革，提高全要素生产率，因此，京津冀11个市应加快经济转型的步伐，在保持一定的经济增长速度上加快经济发展方式的转换和新旧动力的转换来提高企业经营效率。

（5）制造企业开放创新高质量发展指数。全国市域的均值为0.0740，粤港澳的指数为0.2436，近全国市域均值的3.3倍，长三角的指数（0.1414）与粤港澳存在很大的差距，但高于全国平均水平。京津冀的指数为0.0571，低于全国市域的均值，不足粤港澳指数的1/4。在我国当前现代化建设和全面对外开放格局下，作为我国定位的三大世界级城市群，粤港澳和长三角发挥了两者各自的地理区位优势和国家政策优势，开放创新水平具有极高的优势和较好的发展态势。而京津冀作为与粤港澳和长三角同等的地理区位优势，并且先于其他两个区域纳入国家层面的战略规划，其开发创新水平明显低于其他两个区域，同时也说明北京和天津应进一步发挥其在区域内的核心城市的引领带动作用。

（6）制造业民生共享高质量发展指数。全国市域的均值为0.1658，粤港澳的指数为0.4195，是全国市域均值的近2.5倍，长三角的指数明显低于粤港澳，为0.2871，是全国市域均值的近1.7倍。而京津冀的指数（0.1549）略低于全国市域均值，也远低于粤港澳和长三角的指数。高质量发展的最终落脚点在于提高人民的生活水平和质量，包括教育、医疗、保险、就业等方面政策的完善，京津冀应加快社会惠民政策的实施，完善社会保障机制，为高质量发展筑牢基石。

（二）三大区域内市域间制造业高质量发展差异测度及影响因素分析

一个区域内部细分区域的协调、均衡发展是保障该区域全面、有效互动、持续高质量发展的基础，测度区域内市域间高质量发展差异有助于我们观察、判断一个具体区域可能的发展趋势。本研究报告用极差和标准差系数来测度粤港澳、长三角和京津冀三个区域内市域制造业高质量发展差异。具体如表3－5、图3－16所示。

表3－5　粤港澳、长三角及京津冀内市域间制造业高质量发展指数的极差及标准差系数

区域	差异指标	综合指数	保障与支撑	绿色生态	品质与品牌	经营效率	开放创新	民生共享
粤港澳	极差	0.3694	0.4843	0.0836	0.7672	0.2349	0.3239	0.5982
	标准差系数	0.2337	0.3002	0.0250	0.6883	0.2942	0.3908	0.5085
长三角	极差	0.2383	0.4435	0.0628	0.4514	0.1566	0.3227	0.3946
	标准差系数	0.1650	0.2787	0.0143	0.5841	0.1771	0.5155	0.3465
京津冀	极差	0.1351	0.2136	0.1473	0.2536	0.1012	0.1205	0.0915
	标准差系数	0.1239	0.2321	0.0462	0.5502	0.2030	0.5646	0.2144

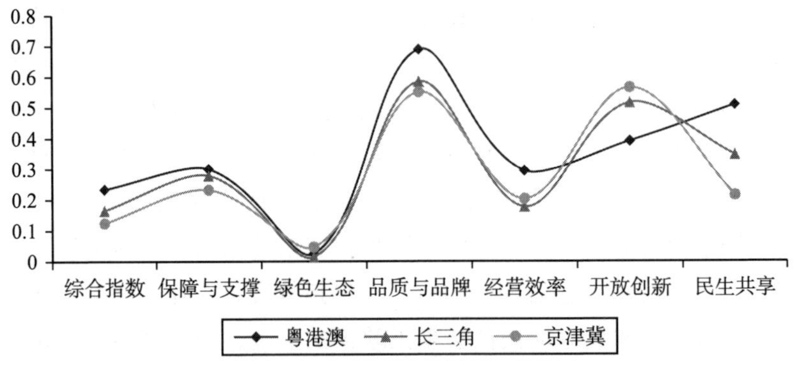

图3－16　粤港澳、长三角及京津冀内市域间高质量发展指数标准差系数

（1）从区域内制造业高质量发展综合指数的差异看，粤港澳、长三角和京津冀内市域间的差异依次减小，标准差系数分别为0.2337、0.1650和0.1239。粤港澳的深圳（0.6547）、广州（0.5402）和东莞（0.5206）制造业高质量发展综合指数均在0.5以上，是全国市域平均水平的1.8倍以上，包揽全国前三名，尤其是深圳比位列全国第2名的广州高出0.1145。制造业高质量发展综合指数最低的肇庆（0.2854）略低于全国平均水平，不到深圳的1/2，在全国位于第123名。基于以上分析可发现，尽管粤港澳内各市域的制造业高质量发展水平有较大的差异，但粤港澳的综合指数远高于全国市域的平均水平。分析其原因可能是：首先，9个市都集中在珠三角沿岸，相互之间的地理位置较近，能够相互促进；其次，有深圳、东莞、广州和珠海等多个高质量发展水平极高的城市的引领和带动作用，对其他城市经济发展的辐射功能能够起到整合效应；最后，紧邻港澳，能够吸引大量外资，从而带动地区的经济发展。长三角内制造业高质量发展综合指数的极差为0.2383，低于粤港澳内的极差。长三角的制造业高质量发展综合指数没有任何市域在0.5及以上，最高的苏州也仅有0.4978，位于全国第4名。低于全国市域平均水平的市域有3个，分别为舟山（0.2883）、宣城（0.2801）和池州（0.2595），全国排名分别为第119名、第139名和第186名。整体上看，尽管长三角有4个市域位列全国前10名，但是相对于粤港澳的深圳、东莞和广州，杭州和苏州对周边城市的辐射和引领带动作用不够明显。另外，南京和宁波的制造业高质量发展综合水平也位于全国前列，但是其水平和实力的辐射范围有限，因此距离长三角核心地带较远的市域发展较缓慢，与高质量发展水平较高的市域之间的差距会越来越大。

京津冀内高质量发展综合指数大部分市域高于全国平均水平，但与粤港澳和长三角的市域有较大的差距，京津冀最高综合指数石家庄（0.3631）在全国的排名仅为第 34 名。另外还有 3 个市域的综合指数低于全国市域的平均水平，其中承德最低，为 0.2279，全国排第 252 名，与石家庄的极差为 0.1352，低于粤港澳和长三角内的极差。因此，尽管京津冀内市域间的差异较小，但是各市域的制造业高质量发展整体水平较低，说明作为区域内起核心和引领作用的北京和天津，尚未很好地发挥其各自的优势，带动周边市域的经济发展。

（2）制造业高质量发展保障与支撑指数的差异看，粤港澳内市域间的差异最大，其标准差系数为 0.3002，高于长三角的标准差系数（0.2787），京津冀的标准差系数为 0.2321，差异为三大区域中的最小者。粤港澳各市域的制造业高质量发展保障与支撑指数均高于全国平均水平，有 4 个市域位列全国前 10 名，尤其是广州和东莞的指数是全国平均水平的 2.5 倍以上，在全国排第 1 名和第 2 名，表现出超强水平，紧跟其后的深圳和珠海的指数也在全国平均数的 2 倍以上，在全国排第 4 名和第 8 名。指数低于 0.4 的市域分别为江门和肇庆，分别为 0.3427 和 0.3167，均不到广州和东莞的 1/2，但也均高于全国平均水平。肇庆与广州的极差为 0.4843，远高于另外两大区域内各市域间的极差。综上分析，粤港澳内各市域的制造业高质量发展保障与支撑水平尽管有较大的差异，但所有的市域均高于全国市域的平均水平，且大部分城市远高于全国平均水平。制造业高质量发展保障与支撑是塑造一个城市品牌的体现，是城市对外交流的名片，粤港澳内各市域的名片知名度较高，如深圳作为创新名片，东莞作为质量名片等，这大大增强了粤港澳整体的竞争力，能够吸引大量外部投资，进而成为拉动区域内城市经济发展的新的引擎。同时，香港和澳门作为国际金融中心和旅游胜地，以及珠三角具有对外开放程度高、科技创新领先，人才和资金雄厚等优势，将带动包括湖南、江西和福建在内的泛珠三角区域制造业经济高质量发展，甚至将推动粤港澳大湾区建设与长三角区域一体化发展进行整合对接，从而融入长江经济带发展战略成为长江中下游地区制造业经济高质量发展的重要引擎。

长三角制造业高质量发展保障与支撑指数最高的南京（0.6838），在全国排名第7位，但与粤港澳内位于前列的市域有较大差距。其余市域除杭州（0.6008）和合肥（0.5250）外的指数均在0.5以下，其中有7个市域的指数在全国市域平均水平以下，池州的指数最低，为0.2403，与南京的极差为0.4435，在全国排第197名。分析可发现，长三角区域内大部分市域的制造业高质量发展保障与支撑水平较高，但有少数市域在全国市域平均水平以下，呈现出一定程度的两极分化现象。

京津冀11个市域的制造业高质量发展保障与支撑指数90%均在0.4以下，最高的石家庄（0.4175）高于全国市域平均水平，但远低于粤港澳和长三角内位于前列的市域全国排名第40。区域内有8个市域低于全国市域平均水平，其中最低的衡水仅为0.2039，与略高于全国市域平均水平的石家庄的极差为0.2136，在全国位于第244名。因此，京津冀制造业高质量发展保障与支撑整体较低，大部分市域处于全国落后状况。京津冀应发挥北京和天津的知名度优势，深化区域协同发展，引领和带动周边市域发挥各自优势促进自身高质量发展。

（3）从制造业绿色生态发展高质量发展指数的差异看，粤港澳制造业绿色生态高质量发展指数与位列前两名的广州和珠海基本持平，均远高于全国市域平均水平，全国排名分别为第12名和第20名。仅有肇庆（0.9024）低于全国市域平均水平，全国排第208名，综合来看，粤港澳各市域的制造业绿色生态高质量发展水平相对来说处于一个较高水平，且在全国位于中偏上的位置，生态环境保护亟待进一步的努力。

长三角位列前三的市域分别为泰州（0.9921）、扬州（0.9879）和南通（0.9871），全国排名分别为第2名、第4名和第6名。区域内无一市域低于全国市域平均水平，全国排名在第150名之后的仅有池州（0.9449）和马鞍山（0.9293）两市域，且最低的马鞍山与泰州的极差为0.0628，全国排名为第169名。长三角内市域制造业绿色生态高质量发展差异相对较小，整体水平也相对较高，但少数市域的绿色生态状况与其高质量发展水平严重不匹配，如杭州、南京、苏州和无锡等。对于高质量发展整体水平与绿色生态高质量发展水平严重脱钩的城市，应牢固树立科学发展理念，将生态文明建设放在一切发展的突出重要位置，始终坚持“绿水青山就是金山银山”理念，倡导和加强绿色发展、循环发展及低碳发展。

京津冀内市域间的差异最大，其标准差系数为 0. 0462，分别是长三角（0. 0143）和京津冀（0. 0250）标准差系数的 1. 8 倍以上。京津冀内指数最高的沧州（0. 9832）比全国市域均值高 0. 0638，全国排第 21 名。有 4 个市域低于全国市域平均水平，全国排名均在第 200 名之后，分别为张家口、唐山和承德，指数最低的承德（0. 8359）与衡水的极差为 0. 1473，全国排在第 251 名。可看出，京津冀内制造业高质量发展整体水平非常高的市域在绿色生态高质量发展水平非常落后，表现出制造业高质量发展综合水平与绿色生态高质量发展水平之间的非正式负相关性。这反映出京津冀在追求经济发展效益的过程中受到了严峻的环境恶化和资源利用效率低的瓶颈限制。

（4）从制造企业品质与品牌高质量指数的差异看，粤港澳内市域间的差异最大，其标准差系数为 0. 6883；其次为长三角，其市域间的标准差系数为 0. 5841；京津冀内市域间的差异最小，其标准差系数为 0. 5502。粤港澳内制造企业发展高质量发展指数位列前三的市域分别为深圳（0. 8403）、广州（0. 6146）和佛山（0. 4128），远高于全国市域平均水平，在全国排名分别为第 1 名、第 2 名和第 7 名。其余市域均在 0. 4 以下，其中有 1 个市域低于全国市域的平均水平，指数最低的肇庆（0. 0731）与深圳的极差为 0. 7672，全国排第 165 名。另外，被称为“世界工厂”的东莞也远低于深圳的水平，但高于全国平均水平，全国排名为第 22 名，这反映了我国亟待改变制造业发展严重不均衡的问题。可看出粤港澳除了深圳、广州和佛山的企业发展高质量较强外，其他市域优势不明显，甚至有的处于较低的水平。

长三角制造企业品质与品牌高质量指数在 0. 4 以上的市域有 3 个，分别为苏州（0. 5075）、杭州（0. 4402）和绍兴（0. 4134），苏州的实力明显要强于后两者，在全国位居第 3 名，另外 2 个位于全国前 10 名。区域内有 5 个市域的指数低于全国市域平均水平，其中池州（0. 0561）在全国排名第 200 名之后，池州与苏州的极差为 0. 4514，远低于粤港澳内的极差（0. 7672）。综上分析，长三角尽管有多个市域的制造企业发展高质量水平较高，但也有少数市域处于较低水平，出现了一定程度的分化现象，这与粤港澳相似。

京津冀制造企业品质与品牌高质量指数最高的的石家庄（0. 3209），高于全国市域平均水平，在全国排第 14 名。其余市域的指数均集中在 0. 05 ~

0.30，其中有6个市域低于全国市域平均水平，指数最低的承德（0.0673）与石家庄的极差为0.2536，是三个区域中极差最小者。分析发现，尽管京津冀内所有市域其制造企业发展高质量水平差异较小，但均处于较低水平，大部分市域在全国比较靠后，且将近一半市域低于全国市域平均水平。

（5）从制造企业经营效率高质量发展指数的差异看，粤港澳内市域间的差异最大，其标准差系数为0.2349；其次为长三角，其市域间的标准差系数为0.1566；京津冀内市域间的差异最小。粤港澳内制造企业经营效率高质量发展指数最高的深圳（0.4065）位列全国第2名，比区域内位于第2的佛山（0.3004，全国排第8名）高出0.1061。区域内所有市域均高于全国市域平均水平，最低的江门（0.1716）与深圳的极差为0.2349。因此，粤港澳内差异最大的主要原因在于深圳和江门两个极值，极差远高于长三角和京津冀的极差，其他市域的制造企业经营效率高质量发展水平均较高且差异不大。

长三角内制造企业经营效率高质量发展指数最高的泰州（0.2565）与深圳的差距较大，全国排第20名。区域内有7个市域的指数在全国市域平均水平以下，在全国的排名位于140名之后，其中指数最低的舟山（0.0999）与泰州的极差为0.1566，全国排第262名。另外，高质量发展综合指数位列全国第30名的嘉兴，在这一维度的指数低于全国市域平均水平，全国排第144名，处于中间的位置。整体来看，长三角大部分市域经济效率高质量处于较高水平，但不具备很强的优势，还有一部分市域在全国处在比较靠后的位置。

京津冀只有石家庄制造企业经营效率高质量发展指数（0.2073）位列全国前100名（第59名），高于全国市域平均水平但没有很大优势。区域内另外10个市域的指数均低于全国市域平均水平，其中最低的3个市域分别为衡水（0.1174）、承德（0.1068）和张家口（0.1061），均在全国排第250名之后，指数最低的张家口与石家庄的极差为0.1012，远小于粤港澳和长三角的极差。因此，尽管京津冀内制造企业经营效率高质量发展差异较小，但均处于较低水平，超过一半的市域在全国市域平均水平以下。

（6）从制造企业开放创新高质量发展指数的差异看，京津冀内市域间的差异最大，其标准差系数为0.5646；其次为长三角，标准差系数为0.5155；粤港澳内市域间的差异最小，其标准差系数为0.3908。粤港澳内除肇庆外其他市域制造业的开放创新高质量发展指数均高于全国市域平均水平，全国排名均在120名以内，其中有5个市域位列全国前10名；位于前三名的市域分别为深圳（0.3836）、广州（0.3253）和东莞（0.3006），是全国市域平均值的4倍以上，这足以说明深广东作为粤港澳核心城市的对外开放程度和创新能力之大。区域内后三名的指数均在0.2以下，与前三名有较大差距，其中肇庆的指数最低，为0.0597，略低于全国平均水平，在全国排名第119，与深圳极差为0.3239。因此，粤港澳制造业的开放创新高质量发展实力整体非常强，而且有深圳、广州、东莞和珠海4个水平极高的市域的引领带动作用，对周边市域具有很强的辐射能力，发展潜力巨大。而佛山、江门和肇庆在地理位置上与粤港澳中心城市有较远距离，进而造成与区域内其他市域有较大差距。

长三角内制造企业开放创新高质量发展指数位列前三名的市域分别为苏州（0.3658）、南京（0.2841）和合肥（0.2272），全国排名分别为第3名、第7名和第14名，虽然在全国处于领先位置，但与粤港澳水平有较大的差距。区域内有5个市域的指数低于全国市域平均水平，其中安庆的全国排在150名之后，其指数为0.0431，全国排第168名，与苏州的极差为0.3227。因此，长三角整体水平要低于粤港澳，各市域间的差异较大，近1/5的市域落后于全国平均水平。另外，粤港澳和长三角都出现了两极分化的现象，表明在企业发展高质量维度区域内各市域极度不平衡。

京津冀内制造企业开放创新高质量发展指数只有秦皇岛（0.1507）、高于全国市域平均水平，但与粤港澳和长三角前三的市域相差较大，在全国排名分别为第38名，其余市域均在第90名之后。区域内位于后三名的市域的指数均不到全国市域平均水平的1/2，全国排名均在第180名之后。综上可看出，京津冀在制造企业开放创新高质量这一维度远不如粤港澳和长三角，大部分市域处于全国比较靠后的位置。

（7）从制造业民生共享高质量发展指数的差异看，粤港澳内市域间的差异最大，其标准差系数为0.5085，其次为长三角，其标准差系数为0.3946，京津冀内市域间的差异最小，其标准差系数为0.0915。粤港澳有4个市域的制造企业民生共享高质量发展水平位列全国前10名，位于前三的市域分别为东莞（0.7820）、深圳（0.7565）和佛山（0.5158），全国排名分别为第1名、第2名和第4名。区域内无一市域低于全国市域平均水平，其最低的是肇庆（0.1838）全国排名第76，与东莞的极差为0.5982。因此，粤港澳在制造企业民生共享高质量维度整体上处于较高水平，但出现了两极分化现象，东莞的指数是肇庆的4倍以上。

长三角有11个市域的制造企业民生共享高质量发展水平位于全国前20名，其中5个市域在全国位列前10名，苏州的指数最高，为0.5498，为全国市域平均水平的3倍以上，全国排名第3，但与粤港澳的东莞和深圳有较大差距。宁波、嘉兴、无锡和常州也位列全国前10名，但是指数在0.5以下。区域内有2个市域低于全国市域平均水平，其中最低的池州（0.1551）与苏州的极差为0.3946，全国排第125名。因此，长三角在民生共享维度也表现出一定程度的两极分化现象，苏州的指数将近池州的1.5倍，沪苏杭区域的制造企业民生共享高质量整体上优于远离此区域的市域。

京津冀内各市域的制造企业民生共享高质量发展指数均在0.10～0.25，7个市域在全国市域平均水平以下，全国排名均在第50名之后。指数最高的沧州（0.2047）与最低的张家口（0.1132）的极差为0.0915，远低于粤港澳与长三角的极差。因此，京津冀内各市域在制造企业民生共享高质量发展这一维度均处于较低的水平，明显落后于粤港澳与长三角。京津冀应以北京和天津为依托，加快融入以北京和天津为核心的京津冀城市群，借鉴北京和天津发展经验，不断完善社会保障等民生领域的政策和制度，促进区域经济高质量发展。

三、结论

粤港澳大湾区、长三角城市群和京津冀是我国经济最具活力、开放程度最高、科创能力最强、吸纳外来人口最多的三大战略区域，是“一带一路”的三大重要交汇地带，在国家当前全方位开放格局中具有举足轻重的战略地位，“世界级城市群”是国家对这三大区域的共同定位。作为我国经济最发达的三大地区，在制造业高质量发展阶段起着重要的战略支撑作用。本研究报告基于制造业高质量发展的内涵和外延，在科学构建区域经济高质量发展评价指标体系和评价模型的基础上，在测度了全国286个地级市域高质量发展指数基础上，对粤港澳、长三角及京津冀高质量发展状况、水平和差异进行了系统全面的比较分析，得出的结论如下：

首先，基于粤港澳、长三角及京津冀制造业高质量发展水平在全国范围所处地位的视角。粤港澳和长三角的高质量发展综合指数远高于全国市域平均水平，京津冀的高质量发展综合指数略低于全国市域平均水平。粤港澳内有多个市域制造业高质量发展实力超强，对区域内其他市域具有很大的辐射和引领带动作用。从6个细分维度高质量发展指数看，粤港澳和长三角均高于全国市域平均水平，而京津冀除了制造业绿色生态发展和制造企业品质与品牌高质量略高于全国市域平均值，另外4个维度均低于全国市域平均水平。

其次，基于粤港澳、长三角及京津冀之间制造业高质量发展水平比较的视角。从高质量发展综合指数看，粤港澳高质量发展水平最高，长三角次之，京津冀最低。从6个细分维度制造业高质量发展指数看，在制造业绿色生态发展高质量维度中，长三角的水平最高，粤港澳次之，京津冀最低；在其余5个维度，粤港澳的水平最高，长三角次之，京津冀最低。

最后，基于粤港澳、长三角及京津冀内各市域间制造业高质量发展水平差异的视角。从制造业高质量发展综合指数看，粤港澳内的差异程度最大，其次为长三角，京津冀内差异程度最小。从6个细分维度制造业高质量发展指数看，在制造企业品质与品牌高质量和制造业民生共享高质量2个维度，粤港澳内的差异程度最大，其次为京津冀，长三角内差异程度最小；在制造业高质量发展保障与支撑、制造业绿色生态发展高质量和制造企业经营效率高质量3个维度，粤港澳内的差异程度最大，其次为长三角，京津冀内的差异程度最小；在制造企业开放创新高质量维度，京津冀内的差异程度最大，其次为长三角，粤港澳内的差异程度最小。

第三节　典型市域制造业高质量发展不平衡分析

中共十九大指出，“中国特色社会主义进入新时代，我国社会主要矛盾已经转化为人民日益增长的美好生活需要和不平衡不充分的发展之间的矛盾”，前文我们也提出，推动高质量发展是适应我国社会主要矛盾变化的需要。因此，我们在观测市域制造业高质量发展时，有必要对市域制造业高质量发展的内部各维度的平衡性进行分析，如果内部六维度间存在较严重的不平衡，就会出现众所周知的木桶理论所揭示的结果，势必会影响该市域制造业高质量发展的可持续性。

为度量市域制造业高质量发展内部六维度的平衡性，我们引入序差的概念，即某市域六维度中，在286个市域中排序最大的序号减去排序最小的序号，得到序差，序差越大，说明该市域制造业高质量发展内部的不平衡性越严重。

一、深圳市

把深圳市制造业高质量发展六维度得分、全国所有市域制造业高质量发展六维度最高得分及平均分绘制雷达图（见图3-17）。

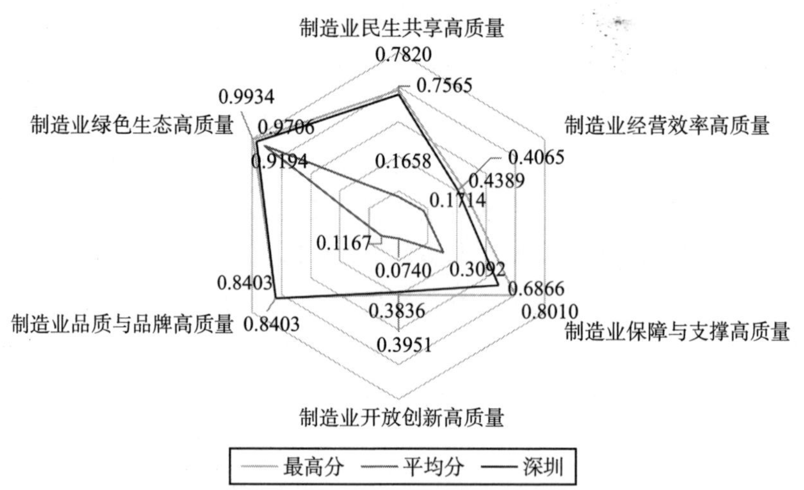

图3-17　深圳市制造业高质量发展六维度得分雷达图

由图3-17可知，深圳市之所以经济高质量发展水平位列第1名，得益于其在制造企业品质与品牌高质量维度排第1名，制造企业经营效率高质量、制造企业开放创新高质量及制造业民生共享高质量三个维度均排第2名，制造业高质量发展保障与支撑维度排第4名，但是绿色生态维度中排名相对靠后，排第79名。

深圳市在制造业高质量发展保障与支撑维度中以0.6866分排第4名，落后第1名的广州0.1153分。在制造业高质量发展保障与支撑维度的8个评价指标中，深圳城镇化率达到100%名列全国第1名；人口自然增长率25.18‰排全国第1名；城市认可度7.57分，排全国第10名；万人拥有高等学校和中等职业学校教师数20.02人排全国第56名；万人拥有高等学校和中等职业学校学生数292.31人排全国第77名；万人拥有医院床位数97.31个，排全国第4名；万人拥有执业医师（助理）数81.22人，排全国第2名；地方一般公共预算支出中教育支出占比11.08%，排名全国第274名。由此可见，深圳市在医疗体系方面具有较高的水平，相对薄弱的环节为教育板块，可加大在教育方面的投入，为制造业及其他行业的高质量发展提供保障与支撑。

深圳市在制造业绿色生态高质量发展维度中以0.9706分排名第79名，落后第一的周口市0.0228分。在制造业绿色生态高质量发展维度的7个评价指标中，深圳市万元工业总产值工业废水排放量0.25吨/万元，排全国第6名；万元工业总产值工业二氧化硫排放量排全国第1名；万元工业总产值工业氮氧化物排放量排全国第3名；万元工业总产值工业烟（粉）尘排放量排名全国第1名；一般工业固体废物综合利用率74.72%，排全国第189名；污水处理厂集中处理率96.81%，排全国第48名；万元工业产值电耗151.69千万时，排全国第24名。

深圳市在制造企业品质与品牌高质量维度中以0.8403分位列全国第1名，在制造企业品质与品牌高质量维度的7个评价指标中，深圳市高竞争力企业数98家，排全国第2名；地理标志及驰名商标数101个，排全国第8名；企业产品质量抽检合格率90.46%，排名全国第233名；国家绿色工厂企业与绿色供应链管理示范企业数19个，排全国第3名；两化融合管理体系贯标试点企业数124个，排全国第1名；高新技术企业认定数20015个，排全国第1名；国家高质量产业集群数量3个，排全国第3名；由此可见，深圳市在各项指标中均有较高的水平，但企业产品质量抽检合格率相对较低，这是深圳市制造业需要改进及提升的地方。

深圳市在制造企业经营效率高质量维度中以0.4065分排全国第2名，落后第1名的北海市0.0324分。在制造企业经营效率高质量维度的8个评价指标中，深圳市规模以上工业企业每万元资金的主营业务税金及附加 166 元，排全国第 115 名；规模以上工业企业每万元资金增值税 203 元，排全国第 239 名；规模以上工业企业每万元资金利润总额 777 元，排全国第 132 名；规模以上工业企业企均产值 40437.05 万元，排全国第 74 名；规模以上工业企业企均利润额 2645.51 万元，排全国第 57 名；规模以上工业企业投入产出率 11.47%，排全国第 162 名；第二产业地区生产总值密度 46669.41 万元/平方千米，排全国第 1 名；第二产业城镇单位就业人员比重 57.58%，排全国第 49 名。

深圳市在制造企业开放创新高质量维度中以 0.3836 分位列全国第 2 名，落后第 1 名的西安市 0.0583 分。在制造企业开放创新高质量维度的 7 个评价指标中，深圳市地方一般公共预算支出中科学技术支出占比 7.66%，排全国第 6 名；货物出口额与规模以上工业总产值百分比 7.61%，排全国第 6 名；规模以上工业企业企均实际使用外资额 93.18 万美元，排全国第 50 名；规模以上工业企业中港澳台商及外商投资企业数 2437 个，排全国第 3 名；规模以上工业企业企均拥有 R&D 人员 35.42 人，排全国第 15 名；规模以上工业企业企均专利申请数 22.30 件，排全国第 8 名；规模以上工业企业企均专利授权数 11.87 件，排全国第 6 名。

深圳市在制造业民生共享高质量维度中以 0.7565 分排全国第 2 名，落后第 1 名的东莞市 0.0255 分。在制造业民生共享高质量维度的 6 个评价指标中，深圳市规模以上工业企业总数 7943 个，排全国第 2 名；万人拥有规模以上工业企业数 19.37 个，排全国第 2 名；每平方公里拥有规模以上企业数 3.98 个，排全国第 1 名；第二产业占地区生产总值比重 41.44%，排全国第 181 名；城镇登记失业率 2.20%，排全国第 243 名；在岗职工平均工资 100173 元，排全国第 4 名。

指标序差计算如下。分维度序差：最高排序为品质与品牌维度（第 1 名），最低排序为绿色生态高质量发展维度（第 79 名），序差为 78 名。

具体指标序差情况。最高排序为城镇化率、人口自然增长率、两化融合管理体系贯标试点企业数、高新技术企业认定数、第二产业 GDP 密度、每平方千米拥有规模以上企业数指标（第 1 名），最低排序为万元工业总产值工业二氧化硫排放量、万元工业总产值工业烟（粉尘）排放量指标（第 286

名），序差为：285。

二、广州市

把广州市制造业高质量发展六维度得分、全国所有市域制造业高质量发展六维度最高得分及平均分绘制雷达图，见图 3－18。

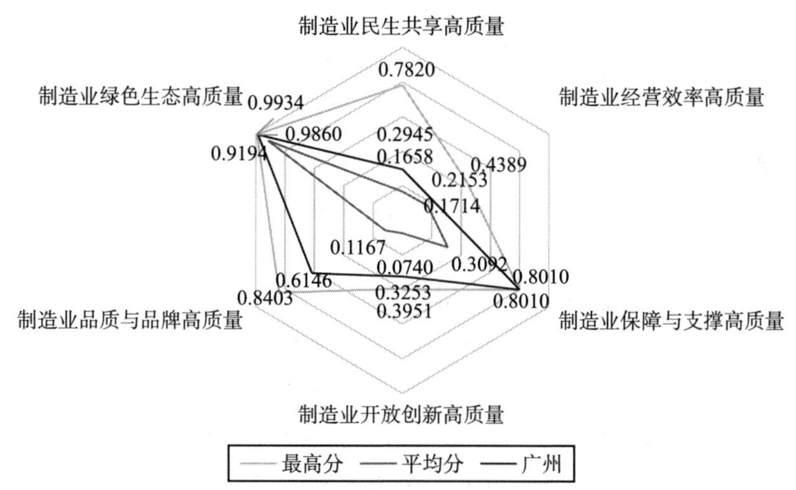

图 3－18　广州市制造业高质量发展六维度得分雷达图

由图 3－18 可知，广州市之所以经济高质量发展水平排第 2 名，得益于其在制造业高质量发展保障与支撑维度排第 1 名、制造企业品质与品牌高质量维度排第 2 名、制造企业开放创新高质量位列第 4 名、制造业绿色生态发展高质量维度中排第 12 名、制造业民生共享高质量排第 16 名、制造企业经营效率高质量维度相对靠后，排第 49 名。

广州市在制造业高质量发展保障与支撑维度中以 0.8010 分排第 1 名。在制造业高质量发展保障与支撑维度的 8 个评价指标中，广州城镇化率达到 86.06%，排全国第 9 名；人口自然增长率 15.59‰，排全国第 10 名；城市认可度 7.56 分，排全国第 12 名；万人拥有高等学校和中等职业学校教师数 78.37 名，排全国第 3 名；万人拥有高等学校和中等职业学校学生数 1430.01

人，排全国第 3 名；万人拥有医院床位数 92. 47 个，排全国第 9 名；万人拥有执业医师（助理）数 56. 27 个，排全国第 7 名；地方一般公共预算支出中教育支出占比 18. 05%，排全国第 106 名。

广州市在制造业绿色生态高质量发展维度中以 0. 9860 分，排第 12 名，落后第 1 名的周口市 0. 0074 分。在制造业绿色生态高质量发展维度的 7 个评价指标中，广州市万元工业总产值工业废水排放量 1. 16 吨/万元，排全国第 151 名；万元工业总产值工业烟（粉）尘排放量排全国第 6 名；其余指标均排在全国第 11 ~99 名之间。

广州市在制造企业品质与品牌高质量维度中以 0. 6146 分列全国第 2 名，落后第 1 名的深圳市 0. 2257 分。在制造企业品质与品牌高质量维度的 7 个评价指标中，广州市高竞争力企业数 67 家，排全国第 4 名；地理标志及驰名商标数 101 个，排全国第 8 名；企业产品质量抽检合格率 90. 30%，排全国第 237 名；国家绿色工厂企业与绿色供应链管理示范企业数 19 个，排全国第 3 名；两化融合管理体系贯标试点企业数 77 个，排全国第 3 名；高新技术企业认定数 14205 个，排全国第 3 名；国家高质量产业集群数量 2 个，排全国第 8 名。

广州市在制造企业经营效率高质量维度中以 0. 2153 分位列全国第 49 名，落后第 1 名的北海市 0. 2236 分。在制造企业经营效率高质量维度的 8 个评价指标中，广州市第二产业地区生产总值密度 8090. 44 万元/平方千米，排全国第 6 名；第二产业城镇单位就业人员比重 32. 60%，排全国第 22 名，其余指标位列全国第 11 ~99 名之间。

广州市在制造企业开放创新高质量维度中以 0. 3253 分位列全国第 4 名，落后第 1 名的西安市 0. 0698 分。在制造企业开放创新高质量维度的 7 个评价指标中，广州市地方一般公共预算支出中科学技术支出占比 7. 83%，排全国第 5 名；规模以上工业企业中港澳台商及外商投资企业数 1389 个，排全国第 6 名；规模以上工业企业企均专利申请数 25. 37 件，排全国第 5 名；规模以上工业企业企均专利授权数 12. 91 件，排全国第 4 名。

广州市在制造业民生共享高质量维度中以 0. 2945 分位列全国第 16 名，落后第 1 名的东莞市 0. 4875 分。在制造业民生共享高质量维度的 6 个评价指标中，广州市规模以上工业企业总数 4664 个，排全国第 10 名；第二产业占地区生产总值比重 27. 97%，排全国第 269 名；在岗职工平均工资 98612 元，排全国第5名。

指标序差计算如下。分维度序差：最高排序为制造业高质量发展保障与支撑维度（第1名），最低排序为制造企业经营效率高质量维度（第49名），序差为48名。

具体指标序差情况。最高排序为万人拥有高等学校和中等职业学校教师数、万人拥有高等学校和中等职业学校学生数、国家绿色工厂企业与绿色供应链管理示范企业数、两化融合管理体系贯标试点企业数和高新技术企业认定数指标（均第3名），最低排序为万元工业总产值工业烟（粉）尘排放量指标（第281名），序差为278名。

三、东莞市

把东莞市制造业高质量发展六维度得分、全国所有市域制造业高质量发展六维度最高得分及平均分绘制雷达图，见图3－19。

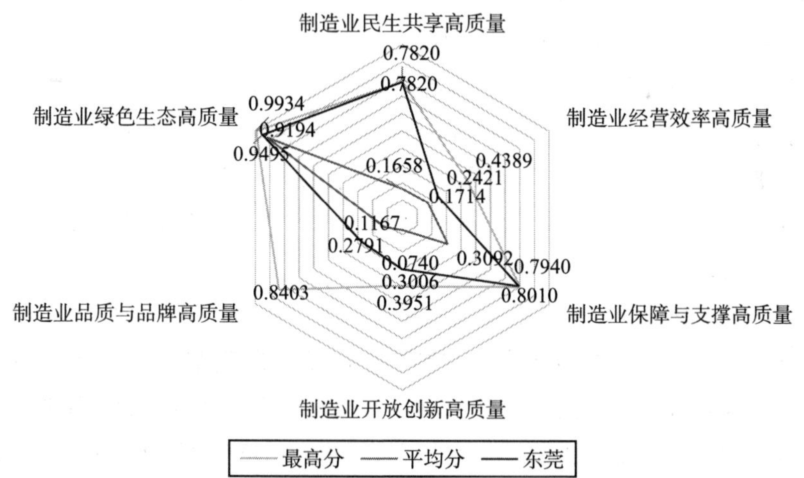

图3－19　东莞市制造业高质量发展六维度得分雷达图

由图3－19可知，东莞市之所以经济高质量发展水平位列第3名，得益于其在制造业民生共享高质量维度中排第1名、制造业高质量发展保障与支撑维度排第2名、制造企业开放创新高质量位列第5名；制造企业品质与品牌高质量与制造企业经营效率高质量维度相对靠后，分别排在第 22 名和第 26 名；制造业绿色生态发展高质量维度表现不佳，仅排在全国第 143 名。

东莞市在制造业高质量发展保障与支撑维度中以 0.7940 分排第 2 名，落后第 1 名的广州 0.0070 分。在制造业高质量发展保障与支撑维度的 8 个评价指标中，东莞城镇化率达到 89.14%，位列全国第 6 名；人口自然增长率 17.46‰，排全国第 7 名；城市认可度 8.25 分，排全国第 7 名；万人拥有医院床位数 141 个，排全国第 1 名；万人拥有执业医师（助理）数 84.98 人，排全国第 1 名；地方一般公共预算支出中教育支出占比 11.08%，排全国第 274 名。

东莞市在制造业绿色生态高质量发展维度中以 0.9495 分排第 143 名，落后第 1 名的周口市 0.0439 分。在制造业绿色生态高质量发展维度的 7 个评价指标中，东莞市万元工业总产值工业废水排放量 1.18 吨/万元，排全国第 153 名；万元工业总产值工业二氧化硫排放量排全国第 118 名；万元工业总产值工业氮氧化物排放量排全国第 151 名；一般工业固体废物综合利用率 72.40%，排全国第 198 名；污水处理厂集中处理率 96.81%，排全国第 48 名；万元工业产值电耗 315.05 千万时，排全国第 128 名。

东莞市在制造企业品质与品牌高质量维度中以 0.2791 分位列全国第 22 名，落后第 1 名的深圳市 0.5612 分。在制造企业品质与品牌高质量维度的 7 个评价指标中，东莞企业产品质量抽检合格率 91.63%，排全国第 219 名；高新技术企业认定数 6896 个，排全国第 5 名；国家高质量产业集群数量 2 个，排全国第 8 名。

东莞市在制造企业经营效率高质量维度中以 0.2421 分位列全国第 26 名，落后第 1 名的北海市 0.1968 分。在制造企业经营效率高质量维度的 8 个评价指标中，东莞市规模以上工业企业每万元资金的主营业务税金及附加 61 元，排全国第 243 名；规模以上工业企业每万元资金增值税 335 元，排全国第 116 名；规模以上工业企业每万元资金利润总额 627 元，排全国第 172 名；规模以上工业企业企均产值 22986.74 万元，排全国第 199 名；规模以上工业企业企均利润额 941.51 万元，排全国第 220 名；规模以上工业企业投入产出率 10.23%，排全国第 187 名；第二产业地区生产总值密度 13543.90 万元/平方千米，排全国第 3 名；第二产业城镇单位就业人员比重 81.08%，排全国第 2 名。

东莞市在制造企业开放创新高质量维度中以 0.3006 分位列全国第 5 名，落后第 1 名的西安市 0.0945 分。在制造企业开放创新高质量维度的 7 个评价指标中，东莞市规模以上工业企业企均实际使用外资额 22.41 万美元，排全国第 168 名；规模以上工业企业中港澳台商及外商投资企业数 3139 个，排全国第 2 名；规模以上工业企业企均拥有 R&D 人员 10.71 人，排全国第 112 名。

东莞市在制造业民生共享高质量维度中以 0.7820 分位列全国第 1 名。在制造业民生共享高质量维度的 6 个评价指标中，东莞市规模以上工业企业总数 7669 个，排全国第 3 名；万人拥有规模以上工业企业数 37.23 个，排全国第 1 名；每平方公里拥有规模以上企业数 3.13 个，排全国第 22 名；第二产业占地区生产总值比重 45.00%，排全国第 141 名；在岗职工平均工资 61619 元，排全国第 152 名。

指标序差计算如下。分维度序差：最好排序为制造业民生共享高质量维度（第 1 名），最差排序为制造业绿色生态高质量发展维度（第 143 名），序差为 142 名。

具体指标序差情况。最好排序为万人拥有医院床位数、万人拥有执业医师（助理）数、万人拥有规模以上工业企业数指标（均第 1 名），最差排序为万元工业总产值工业烟（粉）尘排放量指标（第 269 名），序差为 268 名。

四、苏州市

把苏州市制造业高质量发展六维度得分、全国所有市域制造业高质量发展六维度最高得分及平均分绘制雷达图，见图 3－20。

由图 3－20 可知，苏州市之所以经济高质量发展水平位列第 4 名，得益于其在制造企业品质与品牌高质量、制造企业开放创新高质量及制造业民生共享高质量三个维度均排第 3 名，制造业高质量发展保障与支撑维度位列第 32 名，制造业绿色生态发展高质量维度排第 61 名、制造企业经营效率高质量维度排第 78 名。

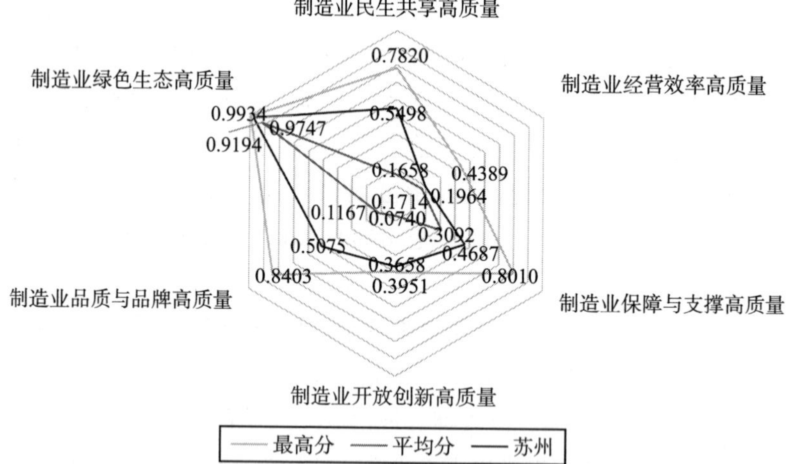

图 3－20　苏州市制造业高质量发展六维度得分雷达图

苏州市在制造业高质量发展保障与支撑维度中以 0.4687 分排第 32 名，落后第 1 名的广州 0.3323 分。在制造业高质量发展保障与支撑维度的 8 个评价指标中，苏州人口自然增长率4.76‰，排全国第 106 名；地方一般公共预算支出中教育支出占比 16.91%，排全国第 162 名，其余指标排在全国第 11～99 名之间。

苏州市在制造业绿色生态高质量发展维度中以 0.9747 分排第 61 名，落后第 1 名的周口市 0.0187 分。在制造业绿色生态高质量发展维度的 7 个评价指标中，苏州市万元工业总产值工业废水排放量 1.35 吨/万元，排全国第 173 名；污水处理厂集中处理率 89%，排全国第 207 名；万元工业产值电耗 381.98 千万时，排全国第 152 名。

苏州市在制造企业品质与品牌高质量维度中以 0.5075 分位列全国第 3 名，落后排在第 1 名的深圳市 0.3328 分。在制造企业品质与品牌高质量维度的 7 个评价指标中，苏州市高竞争力企业数 61 家，排全国第 5 名；企业产品质量抽检合格率 94.03%，排全国第 162 名；国家绿色工厂企业与绿色供应链管理示范企业数 29 个，排全国第 1 名；两化融合管理体系贯标试点企业数 45 个，排全国第 8 名；高新技术企业认定数 9907 个，排全国第 4 名。

苏州市在制造企业经营效率高质量维度中以 0.1964 分位列全国第 78 名，

落后第 1 名的北海市 0. 2425 分。在制造企业经营效率高质量维度的 8 个评价指标中，苏州市规模以上工业企业每万元资金的主营业务税金及附加 52 元，排全国第 261 名；规模以上工业企业每万元资金增值税 171 元，排全国第 254 名；规模以上工业企业每万元资金利润总额 764 元，排全国第 137 名；规模以上工业企业企均产值 31980. 46 万元，排全国第 127 名；规模以上工业企业企均利润额 2034. 70 万元，排全国第 100 名；规模以上工业企业投入产出率 9. 87%，排全国第 197 名；第二产业地区生产总值密度 4477. 31 万元/平方千米，排全国第 13 名；第二产业城镇单位就业人员比重 73. 00%，排全国第 8 名。

苏州市在制造企业开放创新高质量维度中以 0. 3658 分位列全国第 3 名，落后第 1 名的西安市 0. 0293 分。在制造企业开放创新高质量维度的 7 个评价指标中，苏州市地方一般公共预算支出中科学技术支出占比 7. 00%，排全国第 8 名；货物出口额与规模以上工业总产值百分比 5. 95%，排全国第 10 名；规模以上工业企业企均实际使用外资额 45. 77 万美元，排全国第 122 名；规模以上工业企业中港澳台商及外商投资企业数 4111 个，排全国第 1 名。

苏州市在制造业民生共享高质量维度中以 0. 5498 分位列全国第 3 名，落后第 1 名的东莞市 0. 2322 分。在制造业民生共享高质量维度的 6 个评价指标中，苏州市规模以上工业企业总数 9840 个，排全国第 11 名；万人拥有规模以上工业企业数 14. 36 个，排全国第 6 名；每平方公里拥有规模以上企业数 1. 14 个，排全国第 6 名；第二产业占地区生产总值比重 47. 30%，排全国第 113 名。

指标序差计算如下。分维度序差：最高排序为制造企业品质与品牌高质量、制造企业开放创新高质量、制造业民生共享高质量维度（均第 3 名），最低排序为制造企业经营效率高质量维度（第 78 名），序差为 75 名。

具体指标序差情况。最高排序为国家绿色工厂企业与绿色供应链管理示范企业数、规模以上工业企业中港澳台商及外商投资企业数、规模以上工业企业总数指标（均第 1 名），最低排序为城镇登记失业率指标（第 266 名），序差为 265 名。

五、佛山市

把佛山市制造业高质量发展六维度得分、全国所有市域制造业高质量发展六维度最高得分及平均分绘制雷达图，见图 3 – 21。

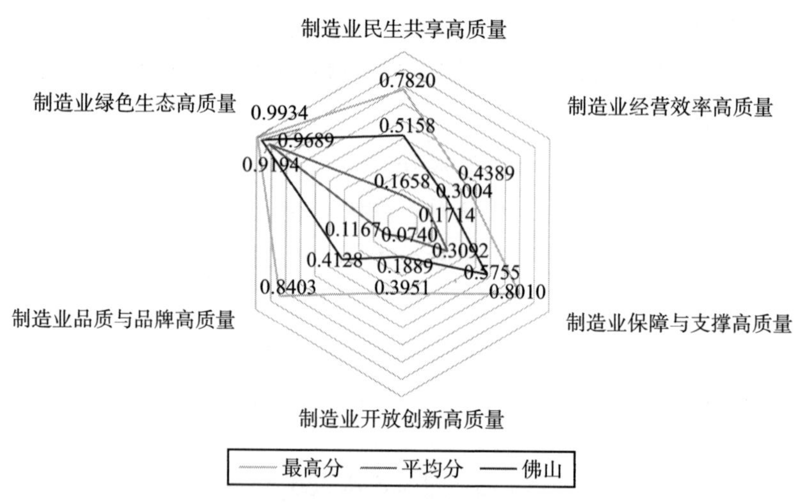

图 3 – 21　佛山市制造业高质量发展六维度得分雷达图

由图 3 – 21 可知，佛山市之所以经济高质量发展水平位列第 5 名，得益于其在制造业民生共享高质量维度排第 4 名、制造企业品质与品牌高质量维度排第 7 名、制造企业经营效率高质量维度排第 8 名、制造业高质量发展保障与支撑维度排第 19 名、制造企业开放创新高质量维度排第 23 名、制造业绿色生态高质量发展维度排第 87 名。

佛山市在制造业高质量发展保障与支撑维度中以 0. 5755 分排第 19 名，落后第 1 名的广州 0. 2255 分。在制造业高质量发展保障与支撑维度的 8 个评价指标中，佛山城镇化率达到 94. 95%，排全国第 3 名；人口自然增长率 16. 97‰，排全国第 8 名；地方一般公共预算支出中教育支出占比 18. 10%，排全国第 122 名。

佛山市在制造业绿色生态高质量发展维度中以 0. 9689 分排第 87 名，落后第 1 位的周口市 0. 0245 分。在制造业绿色生态高质量发展维度的 7 个评价指标中，佛山市除一般工业固体废物综合利用率 78.44%，排全国第 172 名外，其余指标均排在全国第 11 ~99 名之间。

佛山市在制造企业品质与品牌高质量维度中以 0.4128 分位列全国第 7 名，落后排在第 1 名的深圳 0.4275 分。在制造企业品质与品牌高质量维度的 7 个评价指标中，佛山市高竞争力企业数 36 家，排全国第 9 名；地理标志及驰名商标数 102 个，排全国第 7 名；企业产品质量抽检合格率 88.12%，排全国第 256 名；国家绿色工厂企业与绿色供应链管理示范企业数 19 个，排全国第 3 名；高新技术企业认定数 4852 个，排全国第 10 名；国家高质量产业集群数量 2 个，排全国第 8 名。

佛山市在制造企业经营效率高质量维度中以 0.3004 分位列全国第 8 名，落后第 1 名的北海市 0.1385 分。在制造企业经营效率高质量维度的 8 个评价指标中，佛山市规模以上工业企业每万元资金的主营业务税金及附加 106 元，排全国第 186 名；规模以上工业企业企均产值 33830.54 万元，排全国第 109 名；第二产业地区生产总值密度 14283.37 万元/平方千米，排全国第 2 名；第二产业城镇单位就业人员比重 79.75%，排全国第 9 名。

佛山市在制造企业开放创新高质量维度中以 0.1889 分位列全国第 23 名，落后第 1 名的西安市 0.2062 分。在制造企业开放创新高质量维度的 7 个评价指标中，佛山市规模以上工业企业企均实际使用外资额 26.13 万美元，排全国第 158 名；规模以上工业企业中港澳台商及外商投资企业数 1143 个，排全国第 8 名。

佛山市在制造业民生共享高质量维度中以 0.5158 分位列全国第 4 名，落后第 1 名的东莞市 0.2662 分。在制造业民生共享高质量维度的 6 个评价指标中，佛山市规模以上工业企业总数 6212 个，排全国第 5 名；万人拥有规模以上工业企业数 15.15 个，排全国第 5 名；每平方公里拥有规模以上企业数 1.64 个，排全国第 4 名。

指标序差计算如下。分维度序差：最好排序为制造业民生共享高质量维度（第 4 名），最差排序为制造业绿色生态高质量发展维度（第 87 名），序差为 83 名。

具体指标序差情况。最好排序为第二产业地区生产总值密度指标（第 2 名），最差排序为万元工业总产值工业烟（粉）尘排放量指标（第 276 名），序差为 274 名。

| 第四章 |

中国市域制造业高质量发展专题研究

第一节　市域面积、市域人口与市域制造业高质量发展分析

一、市域土地面积与市域制造业高质量发展

根据市域土地面积大小，我们将 286 个市域按0.25 万平方千米为一档，分为 13 个区段。具体见表 4 –1。

表 4 –1　　不同市域土地面积区间制造业高质量发展总指数得分情况

市域土地面积区间	市域数（个）	市域	制造业高质量发展总指数平均值（分）
0.25 万平方千米以下	13	舟山、鄂州、厦门、珠海、乌海、中山、三亚、深圳、鹤壁、汕头、莱芜、海口、东莞	0.3740

续表

市域土地面积区间	市域数（个）	市域	制造业高质量发展总指数平均值（分）
0.25 万～0.5 万平方千米	28	漯河、淮北、嘉峪关、铜陵、潮州、新余、儋州、鹰潭、佛山、萍乡、镇江、铜川、北海、马鞍山、焦作、盘锦、莆田、濮阳、嘉兴、常州、自贡、枣庄、黄石、阳泉、无锡、辽阳、汕尾、许昌	0.3037
0.5 万～0.75 万平方千米	32	湘潭、辽源、景德镇、揭阳、石嘴山、遂宁、日照、内江、营口、淮南、资阳、泰州、威海、湖州、德阳、蚌埠、淄博、芜湖、七台河、防城港、开封、广安、廊坊、南京、扬州、太原、眉山、安阳、攀枝花、南昌、广州、郑州	0.3027
0.75 万～1 万平方千米	40	连云港、西宁、克拉玛依、泰安、云浮、秦皇岛、平顶山、阳江、济南、贵阳、娄底、东营、绍兴、池州、本溪、亳州、宿迁、武汉、苏州、新乡、衡水、衢州、金昌、孝感、聊城、银川、鞍山、安顺、台州、晋城、江门、张家界、咸阳、随州、滨州、黄山、咸宁、宁波、六盘水、宿州	0.3016
1 万～1.25 万平方千米	39	淮安、锦州、阜阳、海东、阜新、德州、葫芦岛、三门峡、南通、贵港、朔州、商丘、西安、金华、泉州、平凉、济宁、株洲、抚顺、青岛、惠州、茂名、合肥、贺州、徐州、长沙、周口、邯郸、温州、菏泽、钦州、泸州、福州、巴中、宣城、益阳、荆门、邢台、南充	0.3023
1.25 万～1.5 万平方千米	32	梧州、大连、乐山、玉林、沈阳、漳州、铁岭、固原、兰州、渭南、湛江、宜宾、来宾、宁德、滁州、安庆、乌鲁木齐、烟台、长治、沧州、石家庄、大同、运城、唐山、荆州、天水、成都、四平、鹤岗、岳阳、肇庆、玉溪	0.2867
1.5 万～1.75 万平方千米	22	六安、雅安、驻马店、洛阳、丹东、衡阳、通化、河源、梅州、潍坊、广元、晋中、达州、杭州、吴忠、盐城、临沂、丽水、崇左、中卫、呼和浩特、黄冈	0.2804
1.75 万～2 万平方千米	18	白山、铜仁、宝鸡、常德、韶关、柳州、宜春、信阳、抚州、清远、龙岩、九江、商洛、郴州、定西、保山、朝阳、襄阳	0.2665
2 万～2.25 万平方千米	15	白山、铜仁、宝鸡、常德、韶关、柳州、宜春、信阳、抚州、清远、龙岩、九江、商洛、郴州、定西、保山、朝阳、襄阳	0.2694

续表

市域土地面积区间	市域数（个）	市域	制造业高质量发展总指数平均值（分）
2.25 万 ~2.5 万平方千米	7	鸡西、双鸭山、上饶、三明、安康、临沧、十堰	0.2416
2.5 万 ~2.75 万平方千米	7	忻州、吉安、白城、南平、南阳、庆阳、汉中	0.2570
2.75 万 ~3 万平方千米	8	怀化、桂林、吉林、包头、陇南、曲靖、拉萨、毕节	0.2547
3 万平方千米以上	25	遵义、武威、佳木斯、伊春、河池、绥化、百色、张家口、延安、张掖、牡丹江、赣州、承德、齐齐哈尔、榆林、普洱、哈尔滨、乌兰察布、通辽、巴彦淖尔、黑河、鄂尔多斯、赤峰、酒泉、呼伦贝尔	0.2364

各面积区间段制造业高质量发展总指数平均得分如图 4－1 所示。

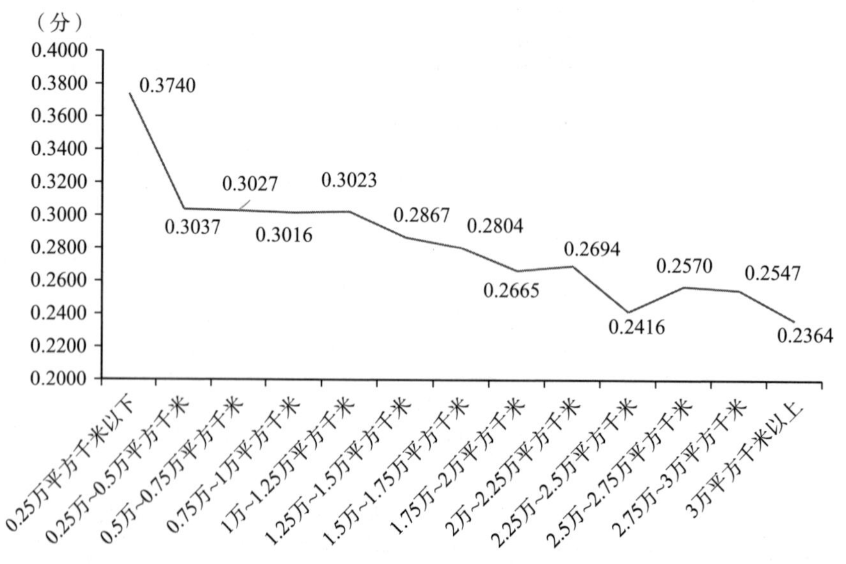

图 4－1　不同市域面积区间制造业高质量发展总指数平均得分

由图 4－1 可以看出，随着市域土地面积的增大，制造业高质量发展总指数平均值有逐渐减小的趋势。其中，前 10 名的城市中，深圳、东莞、中山 3 个城市市域土地面积均小于 0.25 万平方千米；佛山市域土地面积介于 0.25 万～0.50 万平方千米之间；广州、南京 2 市市域土地面积介于 0.5 万～0.75 万平方千米之间，苏州、武汉、宁波 3 个市市域土地面积介于 0.75 万～1 万平方千米之间；杭州市域土地面积介于 1.5 万～1.75 万平方千米之间。

由图 4－2 可知，制造业高质量发展保障与支撑维度平均得分与总指数平均得分大体相似，面积大的城市得分相对更低。

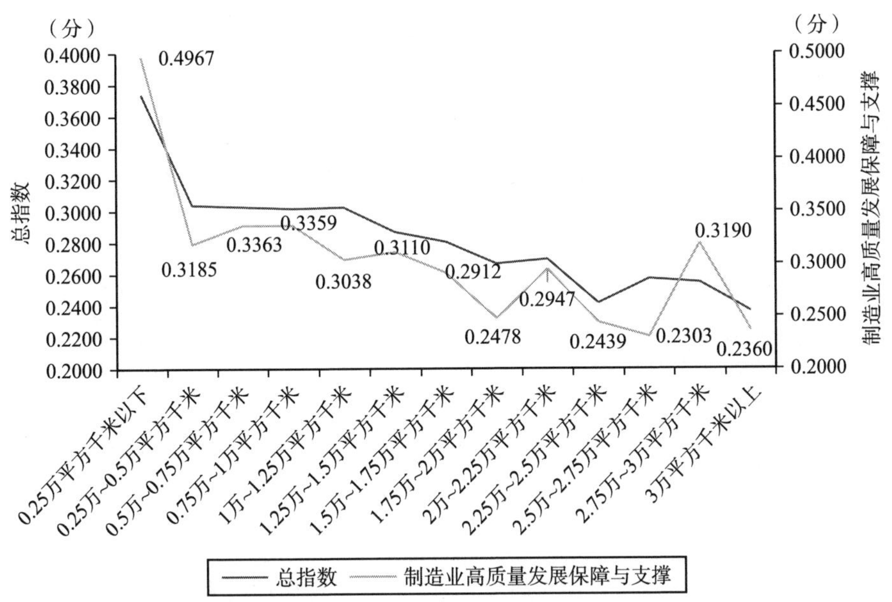

图 4－2　各面积区间段制造业高质量发展保障与支撑维度和总指数平均得分

由图 4－3 可知，制造业绿色生态高质量发展维度整体差异较小，面积区间较大的城市平均得分略有降低。

由图 4－4 可知，制造业品质与品牌高质量维度平均得分与总指数平均得分大体相似，0.25 万平方千米以下的城市平均得分最高。

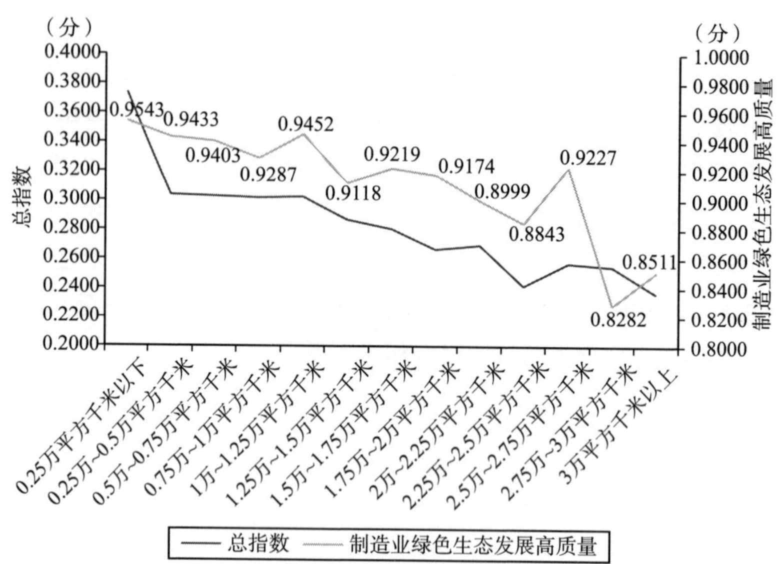

图 4－3　各面积区间段绿色生态高质量发展维度和总指数平均得分

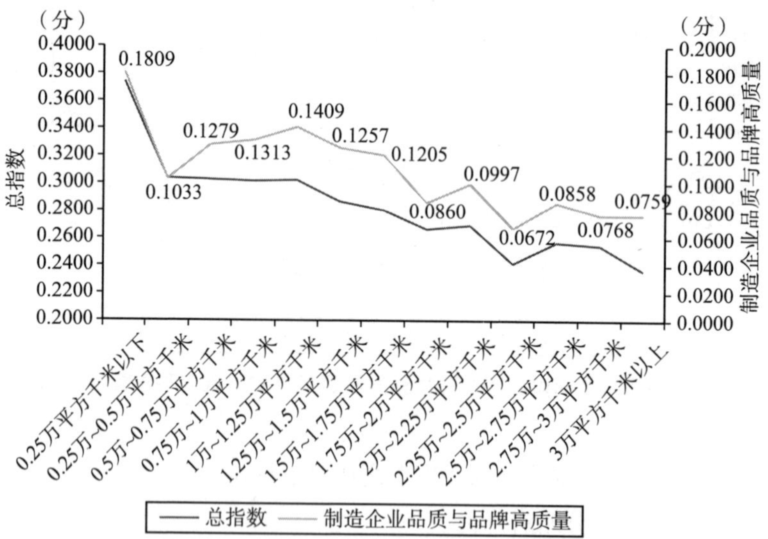

图 4－4　各面积区间段制造业企业品质与品牌高质量维度和总指数平均得分

由图 4－5 可知，制造业经营效率高质量整体得分较低，最高的区间为 0. 25 万 ~0. 5 万平方千米的城市，其次为 0. 25 万平方千米以下城市。

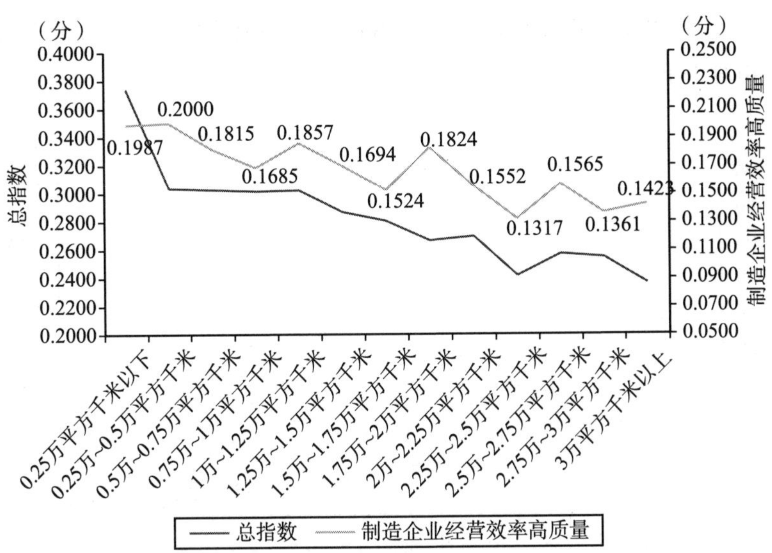

图 4－5　各面积区间段制造业经营效率高质量维度和总指数平均得分

由图 4－6 可知，制造企业开放创新高质量维度平均得分与总指数平均得分大体相似，平均得分最高的是 0.25 万平方千米以下城市。

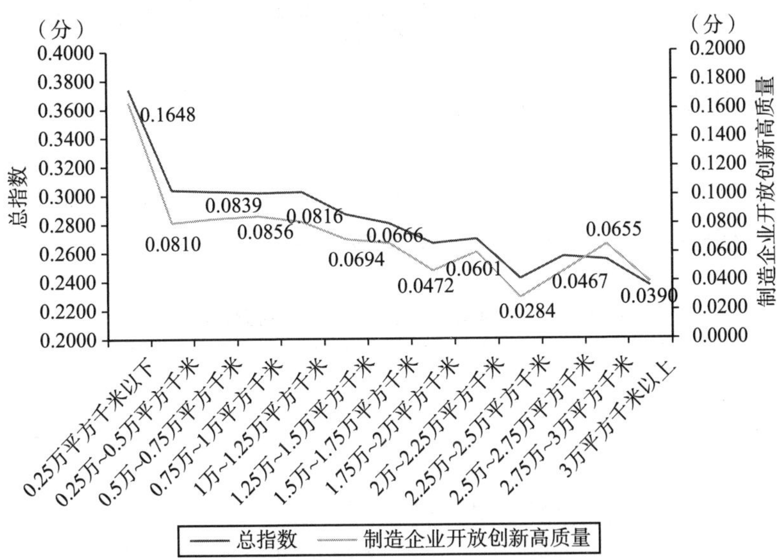

图 4－6　各面积区间段制造企业开放创新高质量维度和总指数平均得分

由图4－7可知，面积区间越大的城市，其制造业民生共享高质量维度平均得分相对更低。

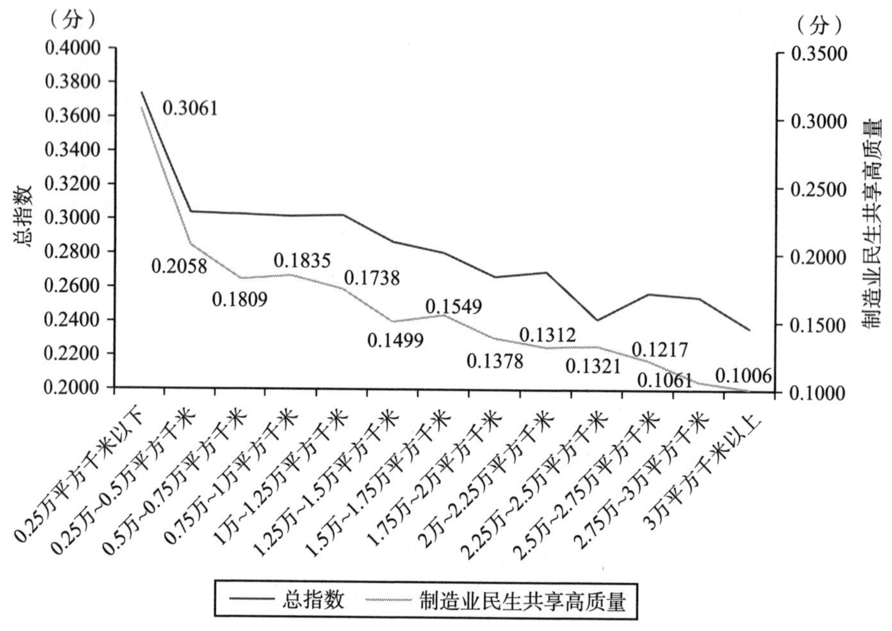

图4－7　各面积区间段制造业民生共享高质量维度和总指数平均得分

二、市域人口与市域制造业高质量发展

根据2018年年平均人口数量，我们将本研究报告中286个市域人口以50万人为一档进行划分，共分为21档，具体见表4－2。

表4－2　不同市域人口区间制造业高质量发展总指数得分情况

市域人口区间	市域数（个）	市域	制造业高质量发展总指数平均值（分）
50万人以下	3	嘉峪关、克拉玛依、金昌	0.2763
50万~99万人	10	拉萨、乌海、三亚、石嘴山、七台河、铜川、儋州、舟山、防城港、酒泉	0.2572

续表

市域人口区间	市域数（个）	市域	制造业高质量发展总指数平均值（分）
100 万～149 万人	19	鹤岗、鄂州、攀枝花、中卫、珠海、伊春、新余、辽源、白山、丽江、鹰潭、莱芜、盘锦、张掖、阳泉、吴忠、双鸭山、黄山、本溪	0. 2503
150 万～199 万人	23	固原、雅安、鄂尔多斯、池州、黑河、中山、景德镇、海口、鹤壁、张家界、铜陵、海东、北海、鸡西、巴彦淖尔、朔州、辽阳、白银、银川、阜新、武威、白城、东营	0. 2621
200 万～249 万人	21	萍乡、东莞、抚顺、淮北、通化、玉溪、晋城、包头、厦门、马鞍山、三门峡、营口、西宁、平凉、佳木斯、丹东、延安、临沧、呼和浩特、贺州、乌鲁木齐	0. 2849
250 万～299 万人	30	崇左、随州、普洱、商洛、威海、牡丹江、衢州、呼伦贝尔、保山、湖州、漯河、来宾、丽水、黄石、庆阳、镇江、乌兰察布、大庆、潮州、松原、葫芦岛、宣城、三明、陇南、湘潭、阳江、荆门、铁岭、秦皇岛、锦州	0. 2683
300 万～349 万人	26	安顺、云浮、日照、定西、咸宁、广元、安康、忻州、河源、龙岩、大同、通辽、南平、四平、兰州、自贡、晋中、韶关、长治、朝阳、六盘水、鞍山、十堰、眉山、梧州、资阳	0. 2581
350 万～399 万人	25	宁德、莆田、乐山、嘉兴、汕尾、惠州、太原、天水、焦作、遂宁、巴中、常州、蚌埠、承德、宝鸡、汉中、榆林、柳州、吕梁、芜湖、淮南、德阳、滨州、宜昌、江门、	0. 2917
400 万～449 万人	18	抚州、株洲、贵阳、深圳、佛山、钦州、吉林、枣庄、内江、百色、河池、濮阳、淄博、临汾、清远、铜仁、肇庆、绍兴	0. 3154
450 万～499 万人	12	娄底、衡水、滁州、扬州、赤峰、广安、张家口、咸阳、廊坊、益阳、金华、无锡、	0. 2903
500 万～549 万人	17	泰州、许昌、泸州、漳州、九江、孝感、怀化、南昌、安庆、运城、连云港、郴州、桂林、绥化、吉安、齐齐哈尔、绵阳	0. 2841

续表

市域人口区间	市域数（个）	市域	制造业高质量发展总指数平均值（分）
550万～599万人	17	梅州、贵港、宜宾、渭南、开封、昆明、汕头、淮安、平顶山、岳阳、泰安、六安、宿迁、襄阳、宁波、德州、大连	0.3009
600万～649万人	11	台州、宜春、常德、昭通、安阳、聊城、济南、永州、荆州、亳州、新乡	0.2908
650万～699万人	7	宿州、烟台、曲靖、南京、达州、苏州、福州	0.3499
700万～749万人	11	揭阳、长沙、玉林、合肥、沈阳、泉州、南充、洛阳、黄冈、杭州、长春	0.3425
750万～799万人	6	南宁、唐山、南通、沧州、上饶、邢台	0.3040
800万～849万人	10	茂名、青岛、衡阳、遵义、温州、盐城、邵阳、郑州、湛江、武汉	0.3372
850万～899万人	4	赣州、济宁、广州、西安	0.4065
900万～949万人	4	信阳、毕节、驻马店、潍坊	0.2880
950万～999万人	3	哈尔滨、石家庄、商丘	0.3199
1000万人以上	9	菏泽、徐州、邯郸、阜阳、临沂、南阳、保定、周口、成都	0.3170

由图4－8可以看出，人口在850万～899万人区间的城市其制造业高质量发展总指数平均得分最高。其中，前10名的城市中，广州市年平均人口位于850万～899万人区间；深圳市、佛山市年平均人口位于400万～449万人区间；东莞市位于200万～249万人区间；苏州市、南京市位于650万～699万人区间；武汉市位于800万～849万人区间；杭州市位于700万～799万人区间；中山市位于150万～199万人区间；宁波市位于549万～599万人区间。

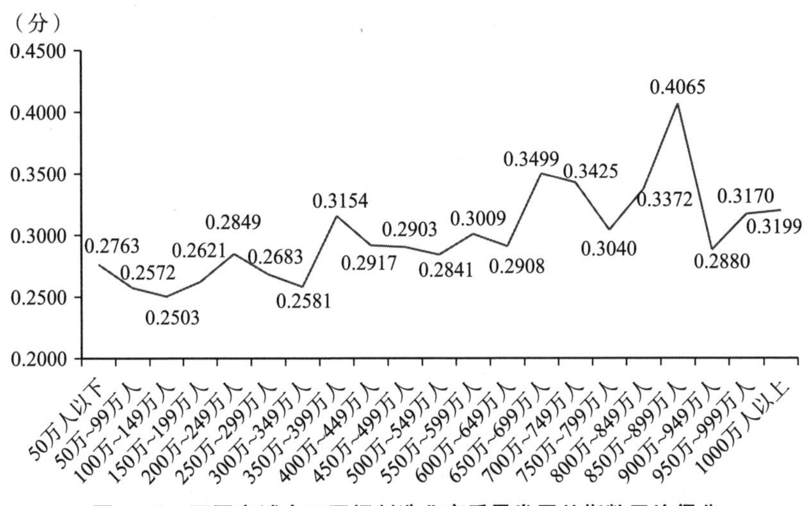

图4－8　不同市域人口区间制造业高质量发展总指数平均得分

由图4－9可知，制造业高质量发展保障与支撑维度平均得分与总指数平均得分大体相似，得分最高的区间段位于850万～899万人区间。

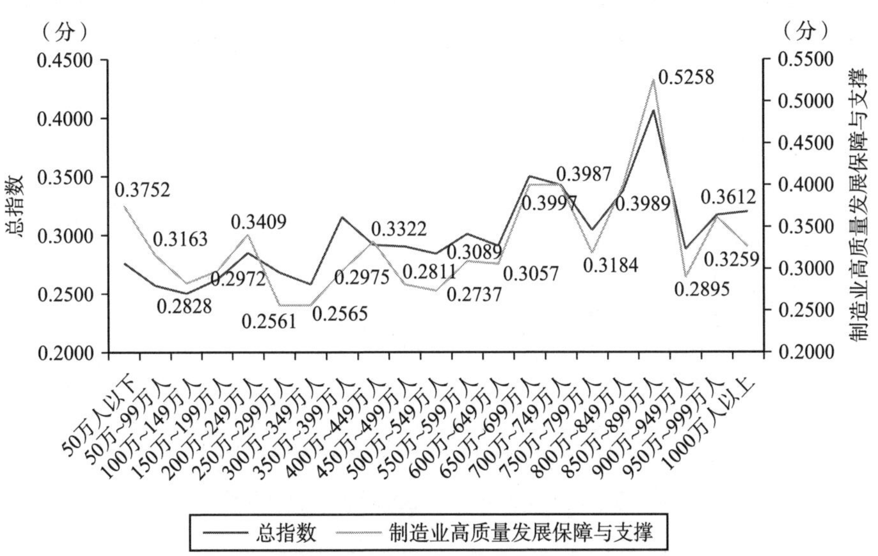

图4－9　各人口区间段制造业高质量发展保障与支撑维度和总指数平均得分

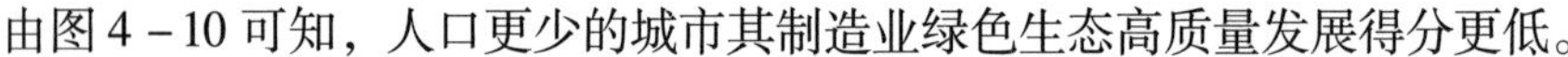

由图4－10可知，人口更少的城市其制造业绿色生态高质量发展得分更低。

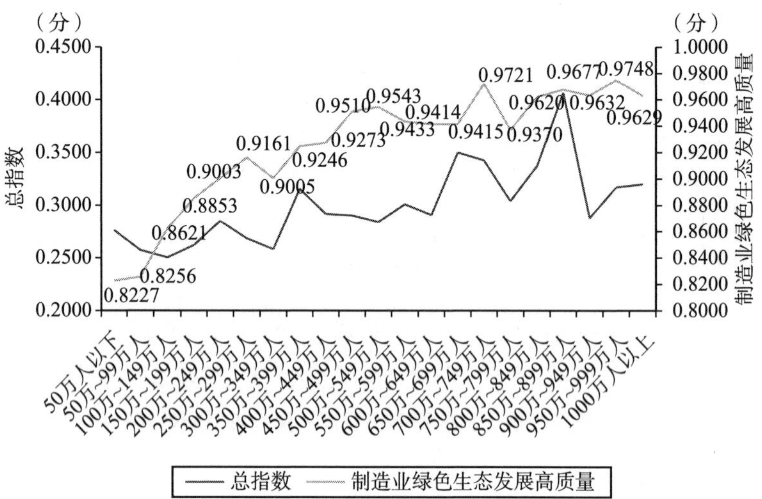

图4－10　各人口区间段制造业绿色生态高质量发展维度和总指数平均得分

由图4－11可知，制造业品质与品牌高质量维度平均得分与总指数平均得分大体相似，人口位于850万～899万人区间的城市平均得分最高。

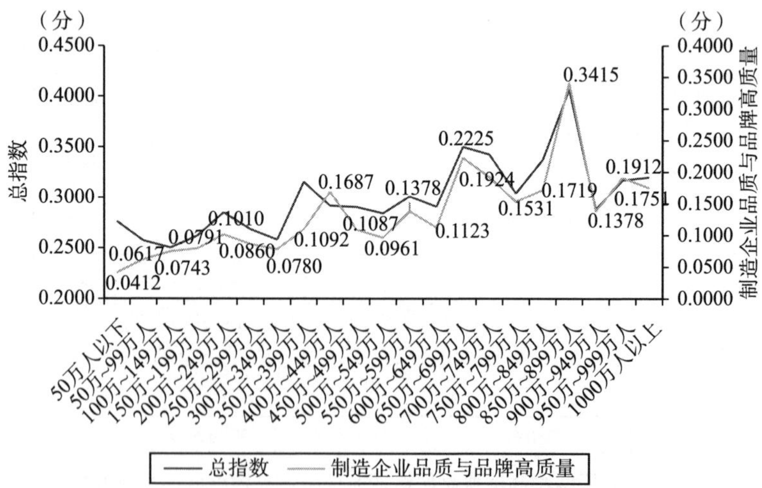

图4－11　各人口区间段制造业品质与品牌高质量维度和总指数平均得分

由图 4－12 可知，不同人口区间制造业经营效率高质量维度得分与总指数得分分布差异较大，最高区间段为 800 万～849 万人区间，其次是 400 万～499 万人区间和 50 万人以下区间。

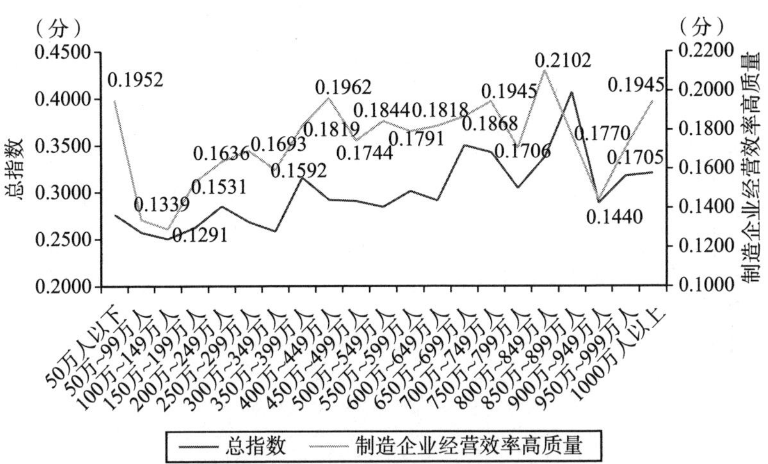

图 4－12　各人口区间段制造业经营效率高质量维度和总指数平均得分

由图 4－13 可知，制造企业开放创新高质量维度平均得分与总指数平均得分大体相似，平均得分最高的是 850 万～899 万人区间。

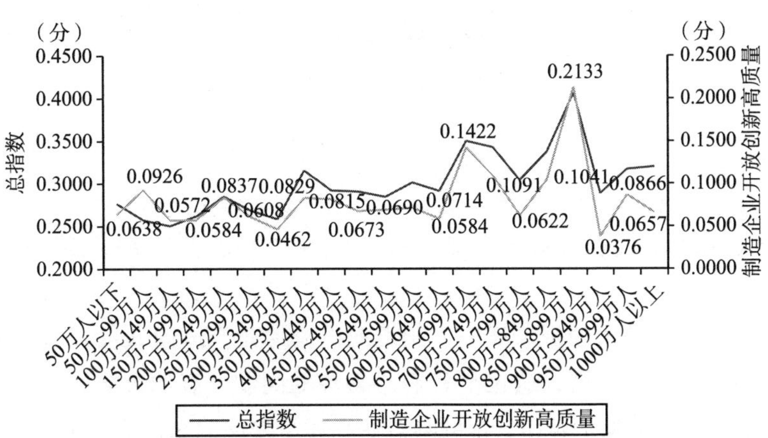

图 4－13　各人口区间段制造企业开放创新高质量维度和总指数平均得分

由图 4－14 可知，650 万～699 万人区间段城市制造业民生共享高质量维度得分最高，其次为 400 万～449 万人区间。

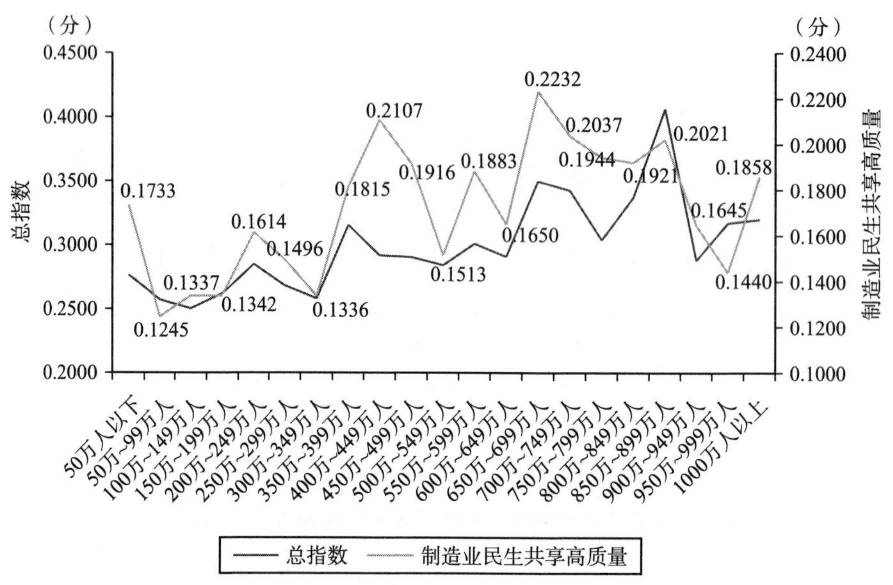

图 4－14　各人口区间段制造业民生共享高质量维度和总指数平均得分

第二节　市域制造业高质量与市域经济高质量比较分析

一、市域制造业高质量发展与市域经济高质量发展差异总体情况

我国现阶段各市经济发展中，制造业的高质量发展是否能够且有效支撑市域经济的高质量发展，这也是我们感兴趣的问题。有的市域两者会有较大的差距，比如，安徽的黄山，市域制造业高质量发展的名次为第 172 名，但其市域经济高质量发展排第 65 名。众所周知，黄山作为全球知名的旅游城市，以旅游为引擎的服务业在当地经济高质量发展中有相当重要的地位及贡献。

表4－3以省域为单位列出了全国各市域经济高质量和制造业高质量发展指数排名比较。市域经济高质量发展的数据参考经济管理出版社2020年6月出版的《中国市域经济高质量发展研究报告（2019）》。

表4－3　市域经济高质量与制造业高质量排名比较

省份	城市	经济高质量	制造业高质量	省份	城市	经济高质量	制造业高质量
贵州	贵阳	32	43	四川	绵阳	113	96
贵州	六盘水	203	231	四川	广元	167	201
贵州	遵义	87	128	四川	遂宁	222	173
贵州	安顺	131	196	四川	内江	243	227
贵州	毕节	172	194	四川	乐山	204	213
贵州	铜仁	156	203	四川	南充	194	168
湖北	武汉	12	6	四川	眉山	250	234
湖北	黄石	136	131	四川	宜宾	159	141
湖北	十堰	175	158	四川	广安	162	162
湖北	宜昌	134	101	四川	达州	238	242
湖北	襄阳	189	138	四川	雅安	186	239
湖北	鄂州	123	120	四川	巴中	197	193
湖北	荆门	181	150	四川	资阳	253	241
湖北	孝感	183	125	江西	南昌	30	37
湖北	荆州	184	156	江西	景德镇	82	161
湖北	黄冈	165	169	江西	萍乡	201	157
湖北	咸宁	116	136	江西	九江	130	112
湖北	随州	214	190	江西	新余	105	122
四川	成都	23	16	江西	鹰潭	147	152
四川	自贡	231	199	江西	赣州	93	95
四川	攀枝花	99	151	江西	吉安	101	106
四川	泸州	118	127	江西	宜春	138	133
四川	德阳	154	153	江西	抚州	143	165

续表

省份	城市	经济高质量	制造业高质量	省份	城市	经济高质量	制造业高质量
江西	上饶	223	176	浙江	杭州	5	7
江苏	南京	7	8	浙江	宁波	9	10
江苏	无锡	13	14	浙江	温州	33	36
江苏	徐州	73	49	浙江	嘉兴	27	30
江苏	常州	26	24	浙江	湖州	43	32
江苏	苏州	6	4	浙江	绍兴	25	19
江苏	南通	39	28	浙江	金华	37	46
江苏	连云港	90	74	浙江	衢州	56	126
江苏	淮安	91	63	浙江	舟山	49	119
江苏	盐城	78	64	浙江	台州	40	50
江苏	扬州	62	45	浙江	丽水	46	110
江苏	镇江	34	38	云南	昆明	31	48
江苏	泰州	70	51	云南	曲靖	117	163
江苏	宿迁	148	94	云南	玉溪	106	113
湖南	长沙	14	20	云南	保山	152	221
湖南	株洲	94	91	云南	昭通	160	209
湖南	湘潭	83	102	云南	丽江	158	254
湖南	衡阳	218	191	云南	普洱	193	257
湖南	邵阳	277	224	云南	临沧	170	238
湖南	岳阳	144	134	安徽	合肥	29	22
湖南	常德	128	116	安徽	芜湖	66	59
湖南	张家界	217	260	安徽	蚌埠	98	118
湖南	益阳	212	200	安徽	淮南	202	187
湖南	郴州	168	177	安徽	马鞍山	89	80
湖南	永州	187	212	安徽	淮北	163	130
湖南	怀化	192	244	安徽	铜陵	104	84
湖南	娄底	230	207	安徽	安庆	135	87

续表

省份	城市	经济高质量	制造业高质量	省份	城市	经济高质量	制造业高质量
安徽	黄山	65	172	山西	忻州	266	277
安徽	滁州	124	99	山西	临汾	244	256
安徽	阜阳	146	111	山西	吕梁	179	276
安徽	宿州	210	188	内蒙古	呼和浩特	55	69
安徽	六安	132	145	内蒙古	包头	122	105
安徽	亳州	196	181	内蒙古	乌海	227	222
安徽	池州	178	186	内蒙古	赤峰	264	248
安徽	宣城	97	139	内蒙古	通辽	260	255
河北	石家庄	64	34	内蒙古	鄂尔多斯	67	73
河北	唐山	139	83	内蒙古	呼伦贝尔	215	250
河北	秦皇岛	71	78	内蒙古	巴彦淖尔	252	274
河北	邯郸	141	109	内蒙古	乌兰察布	273	268
河北	邢台	191	90	辽宁	沈阳	45	40
河北	保定	220	108	辽宁	大连	24	29
河北	张家口	224	236	辽宁	鞍山	216	185
河北	承德	240	252	辽宁	抚顺	258	240
河北	沧州	180	154	辽宁	本溪	209	228
河北	廊坊	81	97	辽宁	丹东	263	259
河北	衡水	237	197	辽宁	锦州	241	232
山西	太原	42	41	辽宁	营口	188	208
山西	大同	247	195	辽宁	阜新	257	281
山西	阳泉	232	223	辽宁	辽阳	254	230
山西	长治	112	159	辽宁	盘锦	155	189
山西	晋城	120	192	辽宁	铁岭	284	279
山西	朔州	198	243	辽宁	朝阳	270	280
山西	晋中	103	180	辽宁	葫芦岛	278	261
山西	运城	239	245	吉林	长春	48	39

续表

省份	城市	经济高质量	制造业高质量	省份	城市	经济高质量	制造业高质量
吉林	吉林	249	210	福建	宁德	86	149
吉林	四平	285	249	山东	济南	21	21
吉林	辽源	274	218	山东	青岛	15	13
吉林	通化	269	198	山东	淄博	57	42
吉林	白山	282	253	山东	枣庄	127	76
吉林	松原	280	265	山东	东营	50	53
吉林	白城	234	263	山东	烟台	36	25
黑龙江	哈尔滨	69	68	山东	潍坊	53	26
黑龙江	齐齐哈尔	268	271	山东	济宁	68	35
黑龙江	鸡西	267	278	山东	泰安	80	67
黑龙江	鹤岗	281	282	山东	威海	35	52
黑龙江	双鸭山	275	283	山东	日照	79	86
黑龙江	大庆	142	174	山东	莱芜	161	132
黑龙江	伊春	276	286	山东	临沂	74	44
黑龙江	佳木斯	248	267	山东	德州	153	70
黑龙江	七台河	283	284	山东	聊城	151	103
黑龙江	牡丹江	115	137	山东	滨州	140	107
黑龙江	黑河	261	285	山东	菏泽	166	82
黑龙江	绥化	271	270	河南	郑州	16	18
福建	福州	19	27	河南	开封	190	167
福建	厦门	10	15	河南	洛阳	114	104
福建	莆田	58	71	河南	平顶山	177	164
福建	三明	63	115	河南	安阳	226	175
福建	泉州	17	17	河南	鹤壁	108	117
福建	漳州	41	55	河南	新乡	126	98
福建	南平	88	160	河南	焦作	169	140
福建	龙岩	60	88	河南	濮阳	150	124

续表

省份	城市	经济高质量	制造业高质量	省份	城市	经济高质量	制造业高质量
河南	许昌	125	100	广东	揭阳	137	81
河南	漯河	109	77	广东	云浮	171	217
河南	三门峡	185	183	广西	南宁	52	61
河南	南阳	195	129	广西	柳州	72	62
河南	商丘	173	143	广西	桂林	75	114
河南	信阳	174	182	广西	梧州	157	79
河南	周口	221	121	广西	北海	54	57
河南	驻马店	207	171	广西	防城港	149	170
广东	广州	3	2	广西	钦州	129	142
广东	韶关	145	144	广西	贵港	200	220
广东	深圳	1	1	广西	玉林	119	148
广东	珠海	4	11	广西	百色	219	246
广东	汕头	85	65	广西	贺州	199	216
广东	佛山	8	5	广西	河池	245	247
广东	江门	51	54	广西	来宾	251	251
广东	湛江	77	93	广西	崇左	213	178
广东	茂名	76	66	海南	海口	22	33
广东	肇庆	84	123	海南	三亚	38	60
广东	惠州	20	23	海南	儋州	96	58
广东	梅州	121	184	西藏	拉萨	59	235
广东	汕尾	100	147	陕西	西安	28	12
广东	河源	102	155	陕西	铜川	228	225
广东	阳江	133	166	陕西	宝鸡	111	75
广东	清远	95	135	陕西	咸阳	176	92
广东	东莞	2	3	陕西	渭南	225	229
广东	中山	11	9	陕西	延安	182	179
广东	潮州	107	85	陕西	汉中	229	206

续表

省份	城市	经济高质量	制造业高质量	省份	城市	经济高质量	制造业高质量
陕西	榆林	205	214	甘肃	庆阳	206	146
陕西	安康	211	205	甘肃	定西	272	273
陕西	商洛	279	211	甘肃	陇南	286	272
甘肃	兰州	44	31	青海	西宁	92	89
甘肃	嘉峪关	110	219	青海	海东	256	262
甘肃	金昌	236	226	宁夏	银川	61	72
甘肃	白银	242	202	宁夏	石嘴山	255	233
甘肃	天水	235	204	宁夏	吴忠	233	237
甘肃	武威	259	266	宁夏	固原	265	275
甘肃	张掖	164	215	宁夏	中卫	246	269
甘肃	平凉	262	264	新疆	乌鲁木齐	47	56
甘肃	酒泉	208	258	新疆	克拉玛依	18	47

注：表中数字为排名。

根据表4－3可以把市域制造业高质量发展与市域经济高质量发展的差距情况分为下述五类。

（1）市域经济高质量发展显著好于市域制造业高质量发展，前者名次超过后者名次50名以上，见表4－4。

表4－4　　市域经济高质量发展显著好于市域制造业高质量发展市域

省份	城市	经济高质量	制造业高质量	省份	城市	经济高质量	制造业高质量
贵州	安顺	131	196	云南	保山	152	221
四川	雅安	186	239	云南	丽江	158	254
福建	南平	88	160	云南	普洱	193	257
浙江	衢州	56	126	云南	临沧	170	238
浙江	舟山	49	119	甘肃	酒泉	208	258

续表

省份	城市	经济高质量	制造业高质量	省份	城市	经济高质量	制造业高质量
山西	吕梁	179	276	广东	梅州	121	184
四川	攀枝花	99	151	广东	河源	102	155
江西	景德镇	82	161	安徽	黄山	65	172
福建	宁德	86	149	西藏	拉萨	59	235
福建	三明	63	115	山西	晋城	120	192
浙江	丽水	46	110	山西	晋中	103	180

注：表中数字为排名。

（2）市域经济高质量发展稍好于市域制造业高质量发展，前者名次超过后者名次 5～10 名，见表 4－5。

表 4－5　　市域经济高质量发展稍好于市域制造业高质量发展市域

省份	城市	经济高质量	制造业高质量	省份	城市	经济高质量	制造业高质量
贵州	贵阳	32	43	湖南	湘潭	83	102
贵州	六盘水	203	231	湖南	张家界	217	260
贵州	遵义	87	128	湖南	永州	187	212
贵州	毕节	172	194	湖南	怀化	192	244
贵州	铜仁	156	203	浙江	台州	40	50
湖北	咸宁	116	136	广东	湛江	77	93
四川	广元	167	201	安徽	蚌埠	98	118
江西	新余	105	122	广西	桂林	75	114
江西	抚州	143	165	河北	张家口	224	236
福建	莆田	58	71	河北	承德	240	252
福建	漳州	41	55	安徽	六安	132	145
福建	龙岩	60	88	山西	长治	112	159

续表

省份	城市	经济高质量	制造业高质量	省份	城市	经济高质量	制造业高质量
山西	临汾	244	256	黑龙江	黑河	261	285
内蒙古	呼和浩特	55	69	云南	昆明	31	48
内蒙古	呼伦贝尔	215	250	云南	曲靖	117	163
内蒙古	巴彦淖尔	252	274	云南	昭通	160	209
新疆	克拉玛依	18	47	广东	云浮	171	217
宁夏	银川	61	72	广东	汕尾	100	147
宁夏	固原	265	275	广东	河源	102	155
宁夏	中卫	246	269	广东	阳江	133	166
辽宁	本溪	209	228	广东	清远	95	135
辽宁	营口	188	208	广西	防城港	149	170
辽宁	阜新	257	281	广西	钦州	129	142
辽宁	盘锦	155	189	广西	贵港	200	220
辽宁	朝阳	270	280	广西	玉林	119	148
吉林	白城	234	263	广西	百色	219	246
广东	肇庆	84	123	广西	贺州	199	216
山东	威海	35	52	海南	海口	22	33
黑龙江	鸡西	267	278	海南	三亚	38	60
黑龙江	大庆	142	174	河北	廊坊	81	97
黑龙江	伊春	276	286	山西	朔州	198	243
黑龙江	佳木斯	248	267	甘肃	酒泉	208	258
黑龙江	牡丹江	115	137				

注：表中数字为排名。

（3）市域经济高质量发展与市域制造业高质量发展相当，前者名次超过后者名次或相反10名内，见表4－6。

表 4－6　市域经济高质量发展与市域制造业高质量发展相当市域

省份	城市	经济高质量	制造业高质量	省份	城市	经济高质量	制造业高质量
湖北	武汉	12	6	浙江	台州	40	50
湖北	黄石	136	131	云南	玉溪	106	113
湖北	鄂州	123	120	安徽	合肥	29	22
湖北	黄冈	165	169	安徽	芜湖	66	59
四川	成都	23	16	安徽	马鞍山	89	80
四川	德阳	154	153	安徽	池州	178	186
四川	乐山	204	213	河北	秦皇岛	71	78
四川	广安	162	162	山西	太原	42	41
四川	达州	238	242	山西	阳泉	232	223
四川	巴中	197	193	内蒙古	乌海	227	222
江西	南昌	30	37	内蒙古	通辽	260	255
江西	赣州	93	95	内蒙古	鄂尔多斯	67	73
江西	吉安	101	106	内蒙古	乌兰察布	273	268
江西	宜春	138	133	辽宁	沈阳	45	40
江苏	南京	7	8	辽宁	大连	24	29
江苏	无锡	13	14	辽宁	丹东	263	259
江苏	常州	26	24	辽宁	铁岭	284	279
江苏	苏州	6	4	辽宁	朝阳	270	280
江苏	镇江	34	38	吉林	长春	48	39
湖南	长沙	14	20	黑龙江	哈尔滨	69	68
湖南	株洲	94	91	黑龙江	齐齐哈尔	268	271
湖南	岳阳	144	134	黑龙江	鹤岗	281	282
湖南	郴州	168	177	黑龙江	双鸭山	275	283
浙江	杭州	5	7	黑龙江	七台河	283	284
浙江	宁波	9	10	黑龙江	绥化	271	270
浙江	温州	33	36	福建	福州	19	27
浙江	嘉兴	27	30	福建	厦门	10	15
浙江	绍兴	25	19	福建	泉州	17	17
浙江	金华	37	46	山东	济南	21	21

续表

省份	城市	经济高质量	制造业高质量	省份	城市	经济高质量	制造业高质量
山东	青岛	15	13	广西	柳州	72	62
山东	东营	50	53	广西	北海	54	57
山东	日照	79	86	广西	来宾	251	251
河南	郑州	16	18	陕西	铜川	228	225
河南	洛阳	114	104	陕西	渭南	225	229
河南	三门峡	185	183	陕西	延安	182	179
河南	信阳	174	182	陕西	榆林	205	214
广东	广州	3	2	陕西	安康	211	205
广东	深圳	1	1	甘肃	金昌	236	226
广东	珠海	4	11	甘肃	武威	259	266
广东	佛山	8	5	甘肃	平凉	262	264
广东	江门	51	54	甘肃	定西	272	273
广东	茂名	76	66	青海	西宁	92	89
广东	惠州	20	23	青海	海东	256	262
广东	东莞	2	3	宁夏	吴忠	233	237
广东	中山	11	9	新疆	乌鲁木齐	47	56
广西	南宁	52	61				

注：表中数字为排名。

（4）市域经济高质量发展显著差于市域制造业高质量发展，前者名次落后于后者名次50名以上，见表4-7。

表4-7　　市域经济高质量发展显著差于市域制造业高质量发展市域

省份	城市	经济高质量	制造业高质量	省份	城市	经济高质量	制造业高质量
湖北	襄阳	189	138	湖南	邵阳	277	224
湖北	孝感	183	125	河南	周口	221	121
江苏	宿迁	148	94	广西	梧州	157	79

续表

省份	城市	经济高质量	制造业高质量	省份	城市	经济高质量	制造业高质量
河北	邢台	191	90	山东	德州	153	70
河北	保定	220	108	山东	菏泽	166	82
吉林	辽源	274	218	河南	安阳	226	175
吉林	通化	269	198	陕西	商洛	279	211
山东	枣庄	127	76	广东	揭阳	137	81

注：表中数字为排名。

（5）市域经济高质量发展稍差于市域制造业高质量发展，前者名次落后于后者名次 5 ~ 10 名。见表 4 – 8。

表 4 – 8　　市域经济高质量发展稍差于市域制造业高质量发展市域

省份	城市	经济高质量	制造业高质量	省份	城市	经济高质量	制造业高质量
贵州	贵阳	32	43	安徽	六安	132	145
贵州	六盘水	203	231	安徽	宣城	97	139
贵州	毕节	172	194	河北	张家口	224	236
贵州	铜仁	156	203	河北	承德	240	252
湖北	咸宁	116	136	河北	廊坊	81	97
四川	泸州	118	127	山西	长治	112	159
四川	广元	167	201	山西	朔州	198	243
江西	抚州	143	165	山西	忻州	266	277
湖南	湘潭	83	102	山西	临汾	244	256
湖南	张家界	217	260	内蒙古	呼和浩特	55	69
湖南	永州	187	212	内蒙古	呼伦贝尔	215	250
云南	曲靖	117	163	内蒙古	巴彦淖尔	252	274
云南	昭通	160	209	新疆	克拉玛依	18	47
安徽	蚌埠	98	118	宁夏	固原	265	275

续表

省份	城市	经济高质量	制造业高质量	省份	城市	经济高质量	制造业高质量
宁夏	中卫	246	269	广东	汕尾	100	147
辽宁	本溪	209	228	广东	阳江	133	166
辽宁	营口	188	208	广东	清远	95	135
辽宁	阜新	257	281	广东	云浮	171	217
辽宁	盘锦	155	189	广西	桂林	75	114
吉林	白城	234	263	广西	防城港	149	170
黑龙江	鸡西	267	278	广西	贵港	200	220
黑龙江	大庆	142	174	广西	玉林	119	148
黑龙江	佳木斯	248	267	广西	百色	219	246
黑龙江	牡丹江	115	137	广西	贺州	199	216
福建	莆田	58	71	广西	河池	245	247
福建	漳州	41	55	海南	海口	22	33
福建	龙岩	60	88	海南	三亚	38	60
广东	湛江	77	93	甘肃	酒泉	208	258
广东	肇庆	84	123				

注：表中数字为排名。

二、市域制造业高质量发展与市域经济高质量发展差异现状分析

运用典型分析法对居于全国市域经济高质量发展前 10 名市域和居于全国制造业高质量发展前 10 名市域进行比较分析、对居于全国市域经济高质量发展后 10 名市域和居于全国制造业高质量发展后 10 名市域进行比较分析，勾勒若干共性，对于探究推进经济高质量发展、制造业高质量发展有相当的意义。

表 4 –9 列出了经济高质量发展和制造业高质量发展排名前 10 名市域。

表 4 – 9　　　经济高质量发展和制造业高质量发展前 10 名市域

项目	市域
经济高质量发展	深圳、东莞、广州、珠海、杭州、苏州、南京、佛山、宁波、厦门
制造业高质量发展	深圳、广州、东莞、苏州、佛山、武汉、杭州、南京、中山、宁波

从前 10 名看，经济高质量发展前 10 名中，粤港澳占 5 个，长三角占 4 个，福建省 1 个。制造业高质量前 10 名，粤港澳占 5 个，长三角占 4 个，湖北省 1 个。因此，粤港澳和长三角无论是经济高质量发展实力还是制造业高质量发展实力均在全国处于领先地位，对周边区域经济和制造业高质量发展具有辐射带动作用。同时进入经济和制造业高质量前 10 名的市域分别为深圳、东莞、广州、杭州、苏州、南京、佛山、宁波。

表 4 – 10 列出了经济高质量发展和制造业高质量发展后 10 名市域。

表 4 – 10　　　经济高质量发展和制造业高质量发展后 10 名市域

项目	市域
经济高质量发展	邵阳、葫芦岛、商洛、松原、鹤岗、白山、七台河、铁岭、四平、陇南
制造业高质量发展	忻州、鸡西、铁岭、朝阳、阜新、鹤岗、双鸭山、七台河、黑河、伊春

从后 10 名看，经济高质量发展后 10 名中，东北三省占 7 个，湖南、陕西和甘肃各占 1 个。制造业高质量发展后 10 名中，东北三省占 9 个，且均来自辽宁和黑龙江，山西占 1 个。七台河、鹤岗和铁岭均位于经济和制造业的后 50 名中。可看出，东北地区的经济和制造业高质量发展水平整体上较低，部分市域严重拉低了区域发展水平。

表 4 – 11 列出了经济高质量发展和制造业高质量发展前 50 名和后 50 名在四大经济板块所占数量。

表 4-11　　前 50 名和后 50 名中东、中、西、东北占有数

项目		东部	东北	西部	中部
前 50 名	经济高质量	34	3	7	6
	制造业高质量	35	3	6	6
后 50 名	经济高质量	2	23	20	5
	制造业高质量	1	19	23	7

从前 50 名看，东部在经济和制造业高质量发展的前 50 名中分别占 34 个和 35 个，占比均为 70%，东北均仅有 3 个，中部和西部均在 6 个左右。从后 50 名看，东部的经济和制造业高质量发展分别仅有 2 个和 1 个进入后 50 名，中部分别有 5 个和 7 个进入后 50 名，而东北和西部均有 20 个市域进入后 50 名，占比约 40%。可见，东部的经济和制造业高质量发展水平明显高于其他三大区域，这主要得益于东部的区位优势和国家政策的支持。

第三节　2017～2018 年国家制造业产品质量抽检市域差异分析

2017 年中共十九大指出“我国经济已由高速增长阶段转向高质量发展阶段”，国家经济的高质量发展需要有高品质的实体经济质量即产品质量的支撑。产品质量监督抽查是国家产品质量监督部门及地方产品质量监督部门按照产品质量监督计划，定期在流通领域抽取样品进行监督检查，了解被抽查企业及其产品的质量状况，并按期发布产品质量监督抽查公报，对抽查的样品不合格的企业采取相应处理措施的一种国家监督活动。产品质量监督抽查是保障我国实体经济即产品质量的坚强措施。

国家监督抽查，是指由国家产品质量监督部门规划和组织的对产品质量进行定期或专项监督抽查，并发布国家监督抽查公报的制度。中共十九大后，我国改革产品质量监督抽查做法，把“两随机一公开”作为对产品质量监督的新常态机制，并将结果对社会公布。

为更深入地帮助社会认识我国产品质量管理方面的现状，比较不同区域在产品质量方面的优劣，助益大家认识到我国产品质量管理领域仍然有待加强的方面，笔者对 2017 ~ 2018 年国家产品质量抽查的数据进行了统计、分析，提出了相应的看法。

分析数据从原国家质检总局和现在市场监管总局网站采集，共收集原始数据 54400 多个，其中 2017 年为非食品类产品数据，2018 年的则包括食品类和非食品类数据。整个数据采集过程分 3 个步骤：

首先，非食品类从原国家质检总局网站上公布的数据整理出抽查的企业名单和抽查结果；食品类从国家市场监督管理总局网站 2018 年间以“市场监管总局关于×××批次食品不合格情况的通告”命名的文件中，将抽查合格和不合格表格企业名单进行汇总。

然后，剔除抽查结果不明确的数据，查找每个被抽查企业所在市域。

最后，统计每个市域被抽查的企业数及抽查结果合格数，进而计算每个市域企业产品抽查的合格率。

基于上述对全国 31 个省区市近 300 个地级城市产品质量抽检结果（不含港澳台地区，下同），提出五个问题供社会讨论。

一、我国的质量损失有多大？

微观的质量损失是指企业在生产、经营过程和活动中，由于产品的质量问题而导致的损失。宏观的质量损失则指一个国家或地区的生产，因为所生产的产品不合格而引致的生产要素的浪费。笔者用一个国家或地区某一时期的产品质量抽检不合格率乘以该国或该地区规模以上企业的产值的乘积作为衡量该时期一个国家或一个地区的质量损失。

根据笔者的统计，2017 ~ 2018 年全国质量抽检合格率的均值为 93.6%，即不合格率为 6.4%。

根据《中国统计年鉴》的数据，2017 年全国规模以上工业总产值 1164623.8 亿元，可以估算出 2017 年质量损失超过 74.5 万亿元；相应地，如果质量合格率能够提高 1% 点，即可多获得有效产值超过 1.16 万亿元。

同理，本研究推算全国 31 个省区市 2017 年的质量损失如表 4 – 12 所示。

表 4 - 12　　各省区市规模以上质量损失

省区市	2017 年规模以上工业产值（亿元）	2017 ~ 2018 年产品抽检合格率（%）	质量损失（亿元）	省区市	2017 年规模以上工业产值（亿元）	2017 ~ 2018 年产品抽检合格率（%）	质量损失（亿元）
广东	135598	90. 53	12844. 92	重庆	21333	95. 31	1001. 55
江苏	154899	93. 21	10520. 83	吉林	23162	96. 03	919. 13
山东	142660	94. 66	7619. 82	陕西	22375	95. 97	901. 96
浙江	67081	90. 51	6365. 72	天津	17019	95. 06	840. 68
河南	80605	94. 41	4504. 78	甘肃	8487	91. 95	683. 16
河北	51900	93. 30	3478. 46	贵州	11085	94. 02	663. 21
福建	48004	93. 77	2989. 34	北京	20354	97. 21	567. 36
安徽	43408	94. 64	2328. 03	云南	12058	95. 85	500. 93
湖北	43531	94. 68	2316. 26	内蒙古	13638	96. 85	429. 10
四川	42423	94. 63	2278. 75	新疆	9768	96. 69	323. 80
湖南	39463	94. 35	2228. 33	青海	2094	90. 41	200. 79
江西	35585	94. 37	2004. 79	黑龙江	10158	98. 61	141. 60
上海	37426	95. 42	1713. 62	宁夏	4083	97. 96	83. 33
山西	17725	91. 28	1545. 94	海南	1831	97. 59	44. 12
广西	24170	94. 17	1408. 33	西藏	207	100. 00	0. 00
辽宁	22480	95. 49	1013. 61				

二、全国各地质量的差异有多大？

除西藏之外，全国质量合格率最高的为黑龙江（见表 4 - 12），共抽查企业 1650 家，产品合格家数为 1627 家，合格率 98. 61%；最低的为青海，共抽查企业 73 家，产品合格家数为 66 家，合格率 90. 41%；全国省域间合格率极差为 8. 20%。

按区域划分，东北地区合格率最高，共抽查 3899 家企业，合格数量

3778，合格率为96.90%；其次为西部地区共抽查7482家企业，合格数量7125，合格率为95.23%；中部地区共抽查7858家企业，合格数量7404，合格率为94.22%；东部地区共抽查35161家企业，合格数量32615，合格率为92.76%；区域极差较小，为3.14%。

为对各市域产品质量抽检结果进行比较，笔者对各市域产品质量合格率做了等级划分，以所有城市中前72名为A等，第73~143名为B等，第144~215名为C等，其余为D等。全国地级城市产品抽检结果等级情况如表4-13~表4-16所示。

表4-13　全国市域产品抽检A等城市汇总

市域	总合格率	排名等级	市域	总合格率	排名等级	市域	总合格率	排名等级
资阳	100	1A	濮阳	98.53	45A	长春	97.71	58A
张家口	100	1A	秦皇岛	98.46	46A	营口	97.65	59A
齐齐哈尔	100	1A	淮南	98.44	47A	乐山	97.48	61A
黑河	100	1A	莆田	98.41	48A	贵阳	97.46	62A
桂林	100	1A	巴彦淖尔	98.40	49A	乌鲁木齐	97.45	63A
绥化	99.57	37A	吕梁	98.36	50A	邯郸	97.41	64A
大庆	99.38	38A	白城	98.36	50A	银川	97.41	64A
孝感	98.91	39A	咸宁	98.04	52A	盘锦	97.33	66A
南平	98.86	40A	哈尔滨	97.93	53A	西安	97.30	67A
清远	98.75	41A	海口	97.81	54A	昆明	97.29	69A
呼和浩特	98.74	42A	大连	97.80	55A	包头	97.20	72A
吴忠	98.68	43A	芜湖	97.80	56A			
牡丹江	98.67	44A	六安	97.78	57A			

表 4－14　　全国市域产品抽检 B 等城市汇总

市域	总合格率	排名等级	市域	总合格率	排名等级	市域	总合格率	排名等级
舟山	97.18	73B	周口	96.23	97B	合肥	95.31	121B
新乡	97.16	74B	蚌埠	96.20	98B	郴州	95.24	123B
廊坊	97.16	75B	赣州	96.15	99B	菏泽	95.24	123B
咸阳	97.06	76B	泸州	96.10	100B	内江	95.16	130B
常德	97.03	80B	绍兴	95.94	103B	武汉	95.15	131B
榆林	96.97	81B	泰州	95.92	104B	连云港	95.12	132B
绵阳	96.91	83B	宜昌	95.92	105B	岳阳	95.08	133B
商丘	96.84	84B	安阳	95.83	106B	唐山	95.05	136B
青岛	96.81	85B	日照	95.77	108B	珠海	95.04	137B
漳州	96.68	86B	马鞍山	95.71	109B	沈阳	95.05	135B
南阳	96.61	88B	太原	95.71	110B	盐城	94.94	138B
淮安	96.55	89B	福州	95.60	112B	眉山	94.92	139B
呼伦贝尔	96.49	90B	东营	95.57	113B	扬州	94.90	140B
郑州	96.42	92B	长沙	95.54	114B	德州	94.88	141B
威海	96.40	93B	铁岭	95.51	116B	玉溪	94.87	142B
荆州	96.34	94B	潍坊	95.49	117B	黄冈	94.74	143B
南昌	96.27	95B	洛阳	95.35	119B			
锦州	96.25	96B	淄博	95.34	120B			

表 4－15　　全国市域产品抽检 C 等城市汇总

市域	总合格率	排名等级	市域	总合格率	排名等级	市域	总合格率	排名等级
宁德	94.67	145C	烟台	94.52	153C	湖州	94.28	161C
韶关	94.64	146C	漯河	94.44	154C	九江	94.19	162C
厦门	94.61	147C	驻马店	94.38	157C	滨州	94.14	163C
阜阳	94.55	150C	荆门	94.34	158C	成都	94.12	164C
吉林	94.55	150C	赤峰	94.32	159C	苏州	94.03	166C
四平	94.52	152C	杭州	94.28	160C	济南	94.01	167C

续表

市域	总合格率	排名等级	市域	总合格率	排名等级	市域	总合格率	排名等级
汕头	93.94	168C	嘉兴	93.22	189C	萍乡	92.45	205C
泰安	93.91	170C	益阳	93.18	190C	北海	92.45	205C
临沂	93.87	171C	遵义	93.13	191C	兰州	92.45	205C
无锡	93.79	172C	潮州	93.13	192C	晋中	92.31	208C
宝鸡	93.75	173C	衢州	93.04	194C	鄂尔多斯	92.31	208C
保定	93.73	178C	枣庄	92.78	196C	河源	92.31	208C
江门	93.72	179C	滁州	92.77	197C	宜春	92.24	212C
南京	93.68	180C	宿迁	92.74	198C	抚州	91.80	213C
黄山	93.62	181C	鞍山	92.71	199C	济宁	91.70	214C
开封	93.51	183C	宣城	92.59	200C	南充	91.67	215C
南宁	93.45	185C	南通	92.57	202C	渭南	91.67	215C
西宁	93.44	186C	常州	92.53	203C			
安庆	93.28	188C	石家庄	92.52	204C			

表 4-16　　全国市域产品抽检 D 等城市汇总

市域	总合格率	排名等级	市域	总合格率	排名等级	市域	总合格率	排名等级
东莞	91.63	223D	德阳	90.79	233D	焦作	90.17	242D
丹东	91.58	224D	沧州	90.67	234D	丽水	89.53	248D
自贡	91.57	225D	聊城	90.55	235D	襄阳	89.52	249D
淮北	91.49	226D	深圳	90.46	237D	湛江	89.40	251D
平顶山	91.18	227D	揭阳	90.45	238D	龙岩	89.33	252D
泉州	90.94	228D	长治	90.38	239D	肇庆	89.16	254D
邢台	90.94	229D	衡水	90.31	240D	曲靖	89.06	256D
温州	90.92	230D	广州	90.30	241D	贵港	88.89	257D

续表

市域	总合格率	排名等级	市域	总合格率	排名等级	市域	总合格率	排名等级
佛山	88.12	260D	葫芦岛	85.00	271D	保山	90.00	243D
中山	88.10	261D	金华	84.95	272D	镇江	89.98	244D
台州	87.90	262D	十堰	84.09	275D	惠州	89.94	245D
宁波	87.51	263D	许昌	83.72	276D	宿州	86.36	267D
平凉	87.50	264D	莱芜	83.64	277D	徐州	86.03	268D
七台河	85.71	269D	运城	82.86	280D			

三、全国“质量之光”城市抽检情况如何？

“质量之光”自2012年至今已经成为我国质量领域互动性最强、参与面最广、社会关注度日益提高的质量专业活动品牌，累计参与人数接近600万人。“质量之光”活动是由市场监管总局指导、中国质量报刊社主办，活动通过“用社会的眼光看质量”，旨在营造全社会关注质量的良好氛围为目标。我们整理了2017年、2018年两个年度被评为“质量之光”的市域的产品抽检数据，见表4－17。

表4－17　全国2017年、2018年质量之光城市产品抽检情况汇总

序号	城市	抽检合格率（%）	全国名次	序号	城市	抽检合格率（%）	全国名次
1	芜湖市	97.80	56A	6	晋城市	90.91	227D
2	赣州市	96.15	98B	7	泰州市	95.92	103B
3	咸宁市	98.04	52A	8	宿州市	86.36	263D
4	永州市	84.21	270D	9	漯河市	94.44	150C
5	金昌市	80.00	279D	10	鄂州市	100.00	1A

其中，金昌、晋城、永州、鄂州抽检样本数少于50个。

从表4－17可以看出，“质量之光”城市的产品质量抽检合格率还是比较高的，不愧为全国公众评选出的质量值得放心的城市。

四、“全国质量强市示范城市”的质量怎么样？

为贯彻落实国务院颁布的《质量发展纲要（2011～2020年）》关于“广泛开展质量强省（区、市）活动”和实施“地区间质量对比提升”的要求，全面提高质量管理水平，推动建设质量强国，促进经济社会又好又快发展，进一步动员全社会重视和加强质量工作，原国家质检总局有一个“全国质量强市示范城市”的工作，由全国各市申报，经原国家质检总局按一定条件批准为“全国质量强市示范城市”建设城市，建设城市经过若干年的努力，达到相关要求，批准为“全国质量强市示范城市”。我们查到：原国家质检总局2017年第114号公告同意命名保山市、贵阳市、柳州市为“全国质量强市示范城市”；2018年第29号公告同意命名武汉市、秦皇岛市、绍兴市为“全国质量强市示范城市”。

我们整理了上述“全国质量强市示范城市”的产品抽检数据，见表4－18。

表4－18　“全国质量强市示范城市”产品抽检情况汇总

序号	城市	抽检合格率（%）	全国名次	序号	城市	抽检合格率（%）	全国名次
1	武汉市	95.15	131B	4	保山市	90	243D
2	秦皇岛市	98.46	46A	5	贵阳市	97.46	62A
3	绍兴市	95.94	103B	6	柳州市	85.11	270D

其中，保山、柳州抽检样本数少于50个。

从表4－18可以看出，“全国质量强市示范城市”的产品抽检合格率还是比较高的，不愧为拥有“全国质量强市示范城市”的美誉。

五、地区经济越发达产品质量也越好吗？

产品抽检合格率应该可以作为一个国家或地区质量管理水平、能力的重要反映。理论上，一个地区的经济越发达，越应该重视质量，否则，因质量水平的落后带来的质量缺失就会越大；同时，地区经济越发达，就越有资源来保障质量，提高质量水平。表4－19列举了国内10个经济发达城市的抽检情况。

表4－19　　国内10个发达城市抽检合格率及质量损失汇总

市	2017年规模以上工业产值（亿元）	2017～2018年产品抽检合格率（%）	质量损失（亿元）	市	2017年规模以上工业产值（亿元）	2017～2018年产品抽检合格率（%）	质量损失（亿元）
苏州	32005.9	94.03	1910.75	武汉	13726.4	95.15	665.73
深圳	30821.7	90.46	2940.39	泉州	13324.4	90.94	1207.19
广州	20840.4	90.30	2021.52	杭州	13209.6	94.28	755.59
东莞	18240.2	91.63	1526.70	成都	12489.6	94.20	724.39
宁波	15643.9	87.51	1953.92	常州	12085.7	92.53	902.80

经济发达地区从抽样样本数量来看比较充足，可见，国家对经济发达城市的质量监管是非常重视的，统计意义上，这些城市所得结果会与实际值更加符合。其中苏州共抽查821家企业，深圳共抽查1582家企业，广州共抽查1609家企业，东莞共抽查693家企业，宁波共抽查937家企业，武汉共抽查474家企业，泉州共抽查784家企业，杭州共抽查1067家企业，成都共抽查902家企业，常州共抽查442家企业。

从表4－19可以看出，相比而言，虽然这10个市域经济比较发达，但产品抽检合格率处于中等偏下的位置。

可以印证经济发达城市的质量水平相对较差的另一视角是：当两个城市被抽检样本数量大致相当时，东北地区城市的抽检合格率高于东部地区城市的抽检合格率。如表4－20所示。

表4－20　国内东部地区城市与东北地区城市抽检样本和合格率汇总

组序	东部地区			东北地区		
	城市	抽检合格率（%）	抽检样本（家）	城市	抽检合格率（%）	抽检样本（家）
1	东莞市	91.60	693	哈尔滨市	97.90	629
2	厦门市	94.60	519	沈阳市	95.05	525
3	湖州市	94.27	297	齐齐哈尔市	100.00	290
	潮州市	93.13	291			
4	福州市	95.60	364	大连市	97.80	364

六、结论及建议

（1）建议以后国家在质量抽检时，应该加大对如“质量之光”城市、“全国质量强市示范城市”建设城市和“全国质量强市示范城市”的抽检力度，使他们真正起到质量标杆和示范的作用，保障国家质量品牌活动的高质量。

（2）高度重视经济发达地区的产品质量保障和管理，否则，会给社会带来更多的资源浪费。

（3）切实推进“经济由高速增长转向高质量发展”的战略转型。

参考文献

[1] 罗文. 紧扣高质量发展要求加快发展先进制造业 [J]. 电力设备管理, 2018 (5): 96-97.

[2] 苗圩. 加快制造业高质量发展的六大任务 [J]. 商用汽车新闻, 2018 (13): 2.

[3] 庄西真. 高质量职业教育是制造业转型升级的关键 [J]. 职教论坛, 2018 (2): 1.

[4] 辛国斌. 以制造业高质量发展引领建设制造强国 [J]. 中国科技产业, 2018 (8): 12-13.

[5] 路甬祥. 推动制造业高质量发展加快建设制造强国 [J]. 中国科技产业, 2018 (8): 10-11.

[6] 苗圩. 通过"四快一好"抓好制造业的高质量发展 [J]. 中国经济周刊, 2019 (5): 70.

[7] 辛国斌. 推动制造业高质量发展 [J]. 宏观经济管理, 2019 (2): 5-7.

[8] 罗文. 突出主业引领创新推动国家级新区制造业高质量发展走在全国前头 [J]. 宏观经济管理, 2019 (8): 5-10.

[9] 尚会永, 白怡珺. 中国制造业高质量发展战略研究 [J]. 中州学刊, 2019 (1): 23-27.

[10] 黄鑫. 加快推动制造业高质量发展 [N]. 经济日报, 2019-01-

15 (9).

［11］肖伟. 推动制造业高质量发展要在四个关键环节下足功夫［N］. 经济日报，2019－03－21 (12).

［12］任保平. 新时代我国制造业高质量发展需要坚持的六大战略［J］. 人文杂志，2019 (7)：31－38.

［13］郭朝先. 产业融合创新与制造业高质量发展［J］. 北京工业大学学报（社会科学版），2019，19 (4)：49－60.

［14］王遥，刘苏阳. 金融支持制造业高质量发展［J］. 中国金融，2019 (12)：83－84.

［15］高煜. 我国经济高质量发展中人工智能与制造业深度融合的智能化模式选择［J］. 西北大学学报（哲学社会科学版），2019，49 (5)：28－35.

［16］吕铁，刘丹. 制造业高质量发展：差距、问题与举措［J］. 学习与探索，2019 (1)：111－117.

［17］陈昭，刘映曼. 政府补贴、企业创新与制造业企业高质量发展［J］. 改革，2019 (8)：140－151.

［18］裴秋蕊，卢进勇. 品牌协同技术进步推动中国制造业高质量发展问题研究［J］. 管理现代化，2019，39 (4)：18－21.

［19］李巧华. 新时代制造业企业高质量发展的动力机制与实现路径［J］. 财经科学，2019 (6)：57－69.

［20］刘胜，顾乃华，李文秀，陈秀英. 城市群空间功能分工与制造业企业成长：兼议城市群高质量发展的政策红利［J］. 产业经济研究，2019 (3)：52－62.

［21］李愍劼."减税降费"推动我国制造业企业高质量发展［J］. 财务与会计，2019 (8)：41－44.

［22］崔艳娟，王杰，裴雪峰. 区域装备制造业产业竞争力评价体系研究［J］. 科技管理研究，2009，29 (12)：100－102.

［23］张文会，乔宝华. 构建我国制造业高质量发展指标体系的几点思考［J］. 工业经济论坛，2018，5 (4)：27－32.

［24］徐建中，曲小瑜. 基于指标数值变化的制造业环境技术创新能力评价研究［J］. 中国科技论坛，2014 (12)：62－67.

［25］江小国，何建波，方蕾．制造业高质量发展水平测度、区域差异与提升路径［J］．上海经济研究，2019（7）：70－78.

［26］许卫华．国家粮食主产区制造业高质量发展指标体系的构建：以河南省为例［J］．中国物价，2019（2）：44－46.

［27］赵红娟．“一带一路”战略为辽宁省装备制造业高质量“走出去”带来的机遇［J］．对外经贸，2017（4）：63－65.

［28］张文会，韩力．我国装备制造业高质量发展应聚焦三大能力［J］．工业经济论坛，2018（5）：1－6，64.

［29］陈瑾，何宁．高质量发展下中国制造业升级路径与对策：以装备制造业为例［J］．企业经济，2018，37（10）：44－52.

［30］任继球．推动装备制造业高质量发展［J］．宏观经济管理，2019（5）：24－29.

［31］成文．增强产业技术支撑助推天津先进制造业高质量发展［J］．产业创新研究，2018（12）：11－13.

［32］郭新明．聚焦聚力善谋善为江苏金融积极助推全省制造业高质量发展［J］．金融纵横，2018（1）：3－10.

［33］滕堂伟，瞿丛艺．借鉴加州制造业创新生态系统促进上海制造业高质量发展［J］．科学发展，2018（4）：21－29.

［34］吕永权．论推动广西制造业高质量发展［J］．经济与社会发展，2018，16（5）：1－7.

［35］王中亚．高质量发展阶段的河南先进制造业强省建设问题及对策［J］．当代经济，2018（23）：51－53.

［36］民盟天津市委员会课题组，李文增．加快建设先进制造业集群推动天津市工业高质量发展：以天津滨海高新区为例［J］．产业创新研究，2019（3）：3－5，10.

［37］吴雷，陈伟．基于 DEA 的装备制造业技术创新能力的评价研究［J］．科技管理研究，2009，29（6）：45－46，61.

［38］张颖，李凤梧．广东省制造业知识密集程度评价研究［J］．科技进步与对策，2009，26（19）：62－65.

［39］郑若谷．中国制造业产业自主创新能力评价［J］．当代财经，2010

(1): 89-95.

[40] 罗天洪，熊中楷．装备制造业知识管理创新能力多层次模糊综合测评 [J]. 商业研究，2010 (10): 8-11.

[41] 赵金楼，王英照．黑龙江省装备制造业技术引创能力评价 [J]. 商业研究，2010 (4): 103-106.

[42] 郑锦荣，徐福缘．先进制造企业技术创新能力评价及其成熟度模型的研究 [J]. 科技与经济，2010，23 (3): 3-6.

[43] 王乐杰．我国制造业基地人才吸引力评价：基于三大制造业基地的比较分析 [J]. 企业经济，2010 (5): 44-47.

[44] 郑晓奋，李少付．安徽制造业技术创新能力评价 [J]. 财贸研究，2010，21 (3): 124-127.

[45] 徐丰伟．基于协同的装备制造业技术创新能力评价指标体系研究 [J]. 科学管理研究，2011，29 (5): 26-30.

[46] 段婕，刘勇．基于因子分析的我国装备制造业技术创新能力评价研究 [J]. 科技进步与对策，2011，28 (20): 122-126.

[47] 金余泉，韩东林．产业转移视角下安徽省制造业技术创新能力评价：基于 CPM 方法 [J]. 工业技术经济，2011，30 (9): 110-119.

[48] 张梦露，张忠家．基于因子分析法的湖北省制造业技术创新能力评价研究 [J]. 科技进步与对策，2011，28 (18): 123-125.

[49] 吴永林，赵佳菲．北京高技术企业技术创新能力评价分析 [J]. 企业经济，2011，30 (3): 21-23.

[50] 赵琳，范德成．我国装备制造业技术创新能力评价及提升对策研究：基于微粒群算法的实证分析 [J]. 科技进步与对策，2012，29 (14): 107-112.

[51] 徐建中，谢晶．基于属性视角的我国制造业先进性的判断与测度 [J]. 科学学与科学技术管理，2013，34 (5): 53-60.

[52] 刘慧岭．武汉制造业创新能力评价与提升对策研究 [J]. 科研管理，2013，34 (S1): 88-94.

[53] 边明英，孙虹．天津市制造业技术创新能力研究 [J]. 经济体制改革，2016 (2): 192-196.

［54］黄鲁成，张二涛，杨早立．基于MDM-SIM模型的高端制造业创新指数构建与测度［J］．中国软科学，2016（12）：144－153.

［55］李小玉，李华旭．城市群背景下长江中游四省制造业创新能力评价［J］．南通大学学报（社会科学版），2017，33（4）：19－24.

［56］何宁，夏友富．新一轮技术革命背景下中国装备制造业产业升级路径与评价指标体系研究［J］．科技管理研究，2018，38（9）：68－76.

［57］张辽，王俊杰．中国制造业两化融合水平测度及其收敛趋向分析：基于工业信息化与信息工业化视角［J］．中国科技论坛，2018（5）：32－40，70.

［58］何星蓉．基于协同的高端装备制造业产学研创新能力评价指标体系研究［J］．经济问题探索，2018（5）：186－190.

［59］周志春．我国地区装备制造业竞争力的测度与评价［J］．经济问题探索，2009（8）：8－13.

［60］崔艳娟，孙晓程，王杰．辽宁装备制造业产业竞争力评价［J］．工业技术经济，2010，29（4）：120－122.

［61］姚晓芳，张仁华，侯瑞武．基于主成分分析的合肥市装备制造业竞争力评价和对策研究［J］．中国科技论坛，2010（9）：58－64.

［62］乔均，彭纪生．品牌核心竞争力影响因子及评估模型研究：基于本土制造业的实证分析［J］．中国工业经济，2013（12）：130－142.

［63］张约翰，张平宇．东北装备制造业竞争力评价及影响因素研究［J］．中国科学院研究生院学报，2011，28（4）：467－474.

［64］江心英，周媛媛．基于循环经济背景下的制造业企业竞争力评价指标体系的构建［J］．科技管理研究，2012，32（15）：84－87.

［65］袁红英．GPA背景下山东省制造业国际竞争力分析与评价［J］．山东社会科学，2012（5）：117－121.

［66］颜毓洁，吴念．基于因子分析的西部地区装备制造业竞争力研究［J］．科技管理研究，2013，33（1）：78－81.

［67］齐阳，王英．基于空间布局的中国装备制造业产业竞争力评价研究［J］．经济问题探索，2014（8）：110－115.

［68］王素君，马银戌．河北省装备制造业集群竞争力评价研究［J］．河

北经贸大学学报，2014，35（3）：95－101.

［69］张华明，王晓林，张聪聪，范映君．中国装备制造业阶段竞争力研究［J］．贵州财经大学学报，2016（6）：62－72.

［70］李琳，王足．我国区域制造业绿色竞争力评价及动态比较［J］．经济问题探索，2017（1）：64－71，81.

［71］苏红键，李季鹏，朱爱琴．中国地区制造业竞争力评价研究［J］．中国科技论坛，2017（9）：114－122.

［72］郑学党．中国制造业价值竞争力评价及空间差异研究［J］．经济经纬，2017，34（3）：81－86.

［73］周五七．长三角城市制造业竞争力动态评价研究［J］．经济问题探索，2018（4）：66－72.

［74］杨义蛟，尹望吾，谭青．装备制造业可持续发展的模糊综合评价［J］．制造业自动化，2009，31（7）：4－9.

［75］赵丽，孙林岩，刘杰．区域制造业可持续发展能力的评价体系构建及应用［J］．科技进步与对策，2009，26（9）：51－54.

［76］周勇，吴海珍．基于DEA/AHP模型的陕西省装备制造业可持续成长性的评价研究［J］．经济与管理评论，2017，33（2）：109－114.

［77］周彩红，樊丽君．基于熵权的制造业新型化程度国际比较与预测［J］．中国科技论坛，2016（11）：141－147，154.

［78］陈涛，郑伟．江苏新型制造业发展状况研究：基于江苏13个地级市数据的实证分析［J］．现代管理科学，2010（12）：68－70.

［79］杜琦，姚波，解芳．副省级城市先进制造业发展水平评价研究：以西安为例［J］．现代管理科学，2010（11）：65－67，70.

［80］郭巍，林汉川，付子墨．我国先进制造业评价指标体系的构建［J］．科技进步与对策，2011，28（12）：125－129.

［81］胡蝶，张向前．海峡西岸经济区先进制造业发展评价分析［J］．经济地理，2011，31（6）：961－967.

［82］席枫，李家祥．构建全国先进制造研发基地的指标体系研究［J］．天津师范大学学报（社会科学版），2016（6）：64－68.

［83］张晓芹，王宇．发达中小城市新型制造业综合评价与比较研究

[J]. 科技管理研究，2018，38（9）：55－60.

[84] 张晓芹，王宇. 基于《中国制造2025》的新型制造业综合评价：以佛山市制造业为例 [J]. 科技管理研究，2018，38（3）：100－106.

[85] 郑伟，张昕. 中国制造业强市评价研究：基于我国31个城市制造业的实证 [J]. 统计与决策，2009（2）：76－78.

[86] 马珩，孙宁. 中国制造业发展指数的构建与应用研究 [J]. 华东经济管理，2011，25（12）：34－36.

[87] 李廉水，杨浩昌，刘军. 我国区域制造业综合发展能力评价研究：基于东、中、西部制造业的实证分析 [J]. 中国软科学，2014（2）：121－129.

[88] 唐德才，汤杰新，刘昊. 中部6省制造业"新型化"比较与评价 [J]. 工业技术经济，2016，35（6）：111－121.

[89] 赵蔷，吴进军，夏鹏，王迪，刘丹，刘云，董晗. "制造强国"评价指标体系优化与测评研究 [J]. 中国工程科学，2017，19（3）：13－19.

[90] 赵其国，黄国勤，马艳芹. 中国生态环境状况与生态文明建设 [J]. 生态学报，2016，36（19）：6328－6335.

后　记

中共十九大确立中国高质量发展战略，习近平总书记指出，我国经济已由高速增长阶段转向高质量发展阶段；十九届五中全会就构建新发展格局，推进高质量发展作出了全面部署。新时代中国共产党领导中国人民建设繁荣富强伟大国家，走向世界舞台中心的新使命，新愿景更加激奋人心。

我们欣喜地看到全国各地方、各领域围绕着高质量发展积极探索，政府有新举措、企业有新突破、高校院所有新成果，极大地丰富了高质量发展的实践和成果，激荡了思想、拓宽了视野、振奋了士气。

特别是2020年初突如其来的新冠疫情，史无前例，波及全球。绝大多数国家甚至不少发达国家的经济发展在新冠疫情面前也是受击无措、局促难捱。形成鲜明对照的是，高质量发展战略指引下的中国经济发展，得到国际社会的积极评价，展现出强大的经济韧性，取得了众多载入史册的成就。

这是我们课题团队出版的第三本高质量发展研究报告。《中国区域经济高质量发展研究报告（2018）》《中国市域经济高质量发展研究报告（2019）》出版后得到社会各界广泛的关注，不少党校将研究报告用作党政干部培训、学习的教材，这给了我们莫大的鼓舞。

这本《中国市域制造业高质量发展研究报告（2019）》，以经济高质量发展的硬核——制造业高质量发展为主题，就全国地级市域制造业高质量发展的状况，综述文献、梳理数据、构建指标体系，深入剖析不同市域制造业高质量发展的强弱，并就市域经济高质量发展与制造业高质量发展进行了比较，专题讨论了国家产品质量抽检全国市域的差异等。

真诚感谢国家市场监督管理总局发展研究中心领导的中国质量研究与教育联盟、中国质量协会等众多专家学者真诚指教和给力抬爱。

衷心感谢江西省市场监督管理局质量发展局杨兴国局长，赣州市市场监督管理局王业有局长、涂梁华副局长，江西理工大学杨斌书记、温和瑞校长、罗仙平副校长及科技处唐云志处长、籍明明副处长、袁志明科长，江西省质量协会姜晓菲秘书长，江西理工大学经济管理学院曾国华副院长、吴媛副书记、郑明贵副院长、邹国良副院长，赣州市市场监督管理局质量科谢艳科长等众多领导专家的关心、支持。

赣州市赣州富尔特电子股份有限公司、江西燕兴物业管理有限公司、江西绿萌科技控股有限公司的管理人员参加了本报告的讨论。

高质量发展将是我国长期的战略，需要持之以恒的研究。赣州市高质量发展研究院作为一家地方智库，由赣州市人民政府、江西省市场监督管理局和江西理工大学三方共建，致力于在高质量发展研究和实践领域发出声音。我们广泛搜集文献，及时关注动态，梳理巨量数据，开展各方交流，研究报告是我们呈现的成果之一。

作为一家之言，研究报告的不足及疏漏还请各方家不吝赐教，您的意见建议或其他事项敬请拨冗致电邮 scxdqygl@163.com，您的真知灼见将是我们持续做好高质量发展相关研究的最真、最大动力。

研究报告的编撰引用、参考了大量的文献和数据，在此一并表示谢意。

黄顺春

2020 年 12 月 20 日

于江西理工大学 MBA 十周年发展论坛会堂